U0137670

"思明记忆之厦门海洋历史文化丛书"编委会

顾问：黄碧珊　姚玉萍

主任：叶细致　苏金赞

副主任：郭银芳　王　磊

常务副主任：吴淑梅

主编：陈　耕

委员：陈复授　蔡亚约　符坤龙
　　　　韩栽茂　黄锡源　蔡少谦

思明记忆之厦门海洋历史文化丛书

厦门市思明区文化馆
厦门市闽南文化研究会 编

飞越
海峡的歌

符坤龙 著

海峡出版发行集团
THE STRAITS PUBLISHING & DISTRIBUTING GROUP

鹭江出版社
LUJIANG PUBLISHING HOUSE

2021年·厦门

总　序

　　2016 年受思明区文化馆的委托，厦门市闽南文化研究会配合厦门市非物质文化遗产保护中心、厦港街道等在沙坡尾设计、建设送王船展示馆。展示馆建成后，来参观的人很多，当时文化部非遗司的领导和专家观看后，对于在这样简陋的条件下能有这样的展示很是称赞。思明区文化馆于是进一步和厦门市闽南文化研究会商定共同编撰出版这套"思明记忆之厦门海洋历史文化丛书"，委托我担任这套丛书的主编。厦门市闽南文化研究会于是成立了"厦门海洋文化研究课题组"，成员除几位作者之外，还有海沧区闽南文化研究会的几位年轻人。

　　2017 年，习近平总书记在金砖国家领导人厦门会晤时对厦门文化作了高度的概括，他说，"厦门还是著名的侨乡和闽南文化的发源地，中外文化在这里交融并蓄，造就了它开放包容的性格和海纳百川的气度"。

　　这段话内涵丰富：厦门在近现代的发展中秉持开放包容、海纳百川的理念，创新、创造了体现中外文化美美与共的新闽南文化，引领了闽南文化在近现代的创新发展，是近现代闽南文化的发源地。

　　讲厦门离不开闽南，讲闽南也离不开厦门。只有全面深刻了解几千年来闽南人与海洋的关系，及其所构建的闽南海洋文化，才可能真正了解厦门在其中所发挥的作用。不了解闽南，无以解读厦门；当然不了解厦门，也不能全面完整地解读闽南。厦门海洋历史文化，必须从闽南海洋文化说起。

闽南文化区别于其他地域文化最重要的特征就是它的海洋性。把"海"字拆解可知：水是人之母，海洋是生命的摇篮。山海之间的闽南，与海洋结下了不解之缘。不理清闽南海洋文化，就不能真正认识、理解闽南文化。

习近平总书记在致 2019 中国海洋经济博览会的贺信中指出：海洋对人类社会生存和发展具有重要意义，海洋孕育了生命、联通了世界、促进了发展。

党的十九大报告明确提出：坚持陆海统筹，加快建设海洋强国。

当今世界，海洋占地球面积的 71%；世界 GDP 的 80% 产生于沿海 100 公里地带；世界贸易的 90% 是通过海运实现的。[①] 世界最发达的地区是纽约湾区、旧金山湾区、东京湾区。中国最发达的地区，是珠三角、长三角、环渤海地区。现在中国正在推动粤港澳大湾区建设。

人类向海洋、向港口海湾型城市的集聚和靠拢，已经成为发展趋势。

世界发展的另一个趋势是世界经济重心向亚洲转移。过去 500 年，经济全球化是以西方为中心的。进入 21 世纪，以东亚和金砖国家为代表的发展中国家迅猛崛起。

----

① 王义桅：《世界是通的——"一带一路"的逻辑》，商务印书馆，2016 年版，第 5 页。

2018年，发展中国家在世界经济中所占的比重已经超过了40%，西方发达国家所占的比重从曾经的将近90%降到60%。世界经济呈现出东西平衡、南北平等的趋势，标志着以西方为中心的经济全球化正在结束，构建人类命运共同体的经济全球化新时代已经开启。

我们必须在这两个世界潮流中，以长时段、全局性、动态性的历史思维来重新认识、重新定位闽南文化。

闽南的历史，可以说就是四个港口的历史。（1）宋元时期的泉州刺桐港，曾经是世界海洋贸易的中心，创造了许许多多彪炳于世的文化。（2）明朝时的漳州月港，打破明王朝的海禁，成为中国迎接大航海时期经济全球化第一波浪潮的最大对外贸易港口，创造了克拉克瓷等传播世界的文化精品。（3）清代以后的厦门港，曾经是闽台对渡的唯一口岸，又是闽南人过台湾、下南洋的出发地和归来港口。厦门工匠还改进福船，创制了同安梭船，并以蔗糖、茶叶、龙眼干等闽南农产品的商品化，推动了海洋文化与农耕文化相融合的闽南海洋文化在清代的发展。鸦片战争以后，厦门学习工业文明，推动了闽南文化的现代化，培育了许多中国近代的杰出人物。（4）1949年后，由于西方的封锁，香港和台湾在后来的30年里成为中国仅有的对外开放区域，台湾的高雄港一度成为世界第三大的港口，台湾的闽南语流行歌曲、电视歌仔戏、电视布袋戏成为20世纪下半叶闽南文化创新发展的典型。

历史证明，闽南最大的港口在哪儿，哪里就引领闽南文化的创新与发展；闽南的海洋文化是千百年来闽南文化生生不息的重要发展动力，是中国海洋历史文化的杰出代表。

2017 年，厦门和漳州的 12 个港区组成的厦门港，其集装箱吞吐量超过高雄港，成为世界第十四大港口。厦门，又一次成为闽台最大的航运中心。

在世界走向海洋、走向湾区的大趋势中，在港口引领闽南经济社会文化发展的历史经验里，新时代闽南文化研究将何去何从？

为了更美好的明天，我们必须以新视野、新思维、新方法重新认识、重新梳理闽南海洋文化，重新总结闽南海洋文化历史给我们提供的经验、教训和智慧，充分发挥闽南文化的作用，推动构建 21 世纪海上丝绸之路民心相通的文化平台，推动构建人类命运共同体，促进祖国的和平统一。加强闽南海洋历史文化的研究，意义深远，应当引起更多的重视和关注，应当成为闽南文化研究的重中之重。

一、 关于海洋文化

走向海洋，就必须了解海洋，了解海洋文化。但是关于海洋文化，关于中国海洋文化、闽南海洋文化，至今还有许多模糊的看法，影响我们真正地了解海洋文化，了解闽南海洋文化。

人类拥有共同的海洋知识，但世界上没有相同的海洋文化。日本的海洋文化不同于英国的海洋文化，广东的疍民不同于闽南的疍民。但是，究竟不同在哪里？似乎还没有明晰的解读。

在世界文明类型的划分中，以黑格尔的《历史哲学》

观点最为经典，对后世影响最大。

在欧洲横行世界的历史背景下，黑格尔以欧洲为中心，根据世界地理和人类思想本质的差别，将世界文明分成三种类型①：一为干燥的高地、草原和平原，以非洲大陆及游牧民族为代表，他们以放牧为业四处迁徙，除了显示出好客和喜好劫掠两个极端性格之外，并无法形成法律和国家，因其野蛮本性而被黑格尔隔绝于文明之外；二为大江大河灌溉的平原流域，以亚洲大陆和农耕民族为代表，他们依靠农业获得四季有序的收获，因土地所有权及各种法律关系而产生国家，并从中孕育了保守的、苟安的、封闭的、忍耐的大陆文明；三为与海相连的海岸地区，以欧洲大陆和海洋民族为代表，他们摆脱陆地的束缚走向海洋，进行征服、掠夺和争逐利润的商业活动，从而养成了冒险的、扩张的、开放的、具有竞争性的性格和相应的海洋文明。

从黑格尔的文明划分中，我们可以明显地感受到当时欧洲人对其海上活动的自我满足及陶醉，一方面从物质行动上加紧对其他文明的掠夺并提升欧洲本土的资本积累和经济发展，另一方面从精神总结上对其行为加以美化和修饰以达到对他人的精神殖民。显然，欧洲人的文化输出是成功的，以至于到了今日，还有不少人仍然认为中华文化就是农耕文化，将黑格尔的以大陆文化（黄色文明）和海洋文化（蓝色文明）来区分东方和西方

---

① 刘登翰：《中华文化与闽台社会——闽台文化关系论纲》，福建人民出版社，2002年版，第195页。

文化奉为标准，并依此来审视和定义中华文明。

但是，中国是一个地域广袤、陆海兼备的国度。中华文明是农耕文明、游牧文明和海洋文明三种文明的融合，必须从大陆与海洋两个向度来把握中华文化的生成，才符合历史的真实。

事实上，中华民族走向海洋的历史不比欧洲晚，而且大规模利用海洋、形成独具特色的中华海洋文化比欧洲要早得多。

尽管黑格尔的海洋文化理论在解释人类文明起源和揭示不同文明性质上有着合理的内核，但其片面性和内在的悖论却常为学界所质疑。为了说明海洋对人类（无论是东方还是西方）文化发展的意义，许多学者倾向于从海洋与人类的关系，在本体论的意义上重新定义海洋文化。

海洋文化是人类在特定的时空范畴内，源于海洋而生成的文化。海洋文化的本质就是人与海洋的互动关系。按照马克思关于经济基础决定上层建筑的理论，人们利用海洋的经济方式，人与海洋建立的经济链条、生产方式，产生了人的海洋文化。不同时期、不同地域的人们利用海洋的不同方式构筑的不同经济链条，必然诞生不一样的海洋文化。中国的海洋文化、日本的海洋文化、英国的海洋文化，彼此都是不相同的。可以说人类有共同的海洋知识，但人类创造的海洋文化却是丰富多彩、千差万别的。

世界海洋文化发展历程可以分成三个时期：原始时代、农耕时代、工业时代。

　　原始时代诞生了对后世影响深远的海洋捕捞和盐业生产。考古学的发现证明，人类早在六七千年前就有了利用海洋生物维生的历史实践，产生了各种捕捞的工具，包括独木舟、木筏，开始原始的航海，并积累了人类对海洋最早的认识，包括海流、潮汐、风信等。其后，又有了海水晒盐的经济活动。盐是人类生存必不可少的物质。盐业专卖从农业社会早期就成为国家财政的重要来源。渔获与海盐的生产和利用延续到农业社会，直至今天。这两种经济方式催生了人类原始海洋文化。

　　当然这个结论也是要打问号的。

　　虽然有 1947 年挪威考古学家托尔·海尔达尔木筏横渡太平洋的伟大壮举以及诸多的考古发现，但是在原始社会诞生的独木舟、木筏，究竟如何影响后世的海洋文化？潮汐、季风、海流究竟是在什么时候被人们发现、了解、掌握的？……由于资料的贫乏，我们今天实际上对原始海洋文化还是缺乏深入的了解，还难以展开深入的讨论。

　　我们更缺乏对原始海洋文化的感恩。我们每天吃着海盐、海味，但很少有人会想到这是原始海洋文化留给我们的恩泽。人类原始海洋文化通过言传身教，延伸到了农业社会，甚至现代的工业社会。它是在人类早期利用海洋的经济基础上形成的海洋文化，既是世界上沿海地区最古老、最普遍的海洋文化，也是人类接触海洋的基本方式，贯穿了人类数千年的历史，并造福于子孙万代。

　　进入农业社会后，人类除了延续和创新以渔业和盐业为代表的原始海洋文化，还产生了三种新的海洋文化。

其一为在地中海诞生而后横行世界的"空手套白狼式"的掠夺型海洋文化。以西方为代表，通过强权和强大先进的武装掠夺或殖民他者获取物资，再进行以货易货的活动，从而实现自身的财富积累，并将这种血腥、残忍和不公正的海洋经济活动自诩为进取、先进的海洋文化。这种文化的拥有者崇尚丛林原则，不相信、也不理解世界上可以有双赢和多赢。

其二为资源型的海洋文化。以古代日本和当今如马尔代夫（自然风光）、中东等资源输出国为代表，通过海洋输出得天独厚的自然资源和原始产品获得经济社会发展，并因此形成独具特色的资源型海洋文化。

其三，以勤劳智慧创造制成品开展海上公平贸易的海洋文化。以中国为代表，通过百姓的智慧和勤劳的双手创造出农业社会大量优质的商品，诸如丝绸、瓷器、茶叶等等，并依靠繁华的港口、先进的船舶制造技术和远洋航海技术开展公平贸易。在这样的经济活动中产生了富于中国特色的海洋文化。这种文化崇尚的是诚信、公平，双赢、多赢，童叟无欺、薄利多销，有饭大家吃，有钱大家赚。其中尤以闽南的海洋历史文化为代表。这里所说的海洋历史文化，指农业社会的海洋历史文化。

在人类的农业社会，尤其是从唐末到清中叶，中国以农产品和手工制品为支撑的海洋文化彪炳于世，其农产品和手工制品是世界海洋经济最主要的商品。中国的港口、造船、航海技术和贸易额都占据世界最前列。

上述四种原始社会、农业社会的海洋文化依然呈现于当今的世界。中国的海洋文化在进入工业时代以后，经历了被侵略、被蹂躏的过程和学习、追赶的过程。在2010年，中国终于超过了美国，成为当今世界最大的工业制成品制造国。2015年中国的工业制成品的产值相当于美国与日本的总和，2018年相当于美国、日本、德国的总和。2014年中国的商品贸易额超过4万亿美元，成为世界最大的商品贸易国。当今世界10个最大的港口，有7个属于中国。不过，工业时代的海洋文化更加复杂，不在本丛书研究课题的范畴之内。

农业时代这三大类海洋历史文化，还可以有更加细致的分类方法，例如闽南的海洋历史文化和广东的海洋历史文化，它们当然也有差别，但那只是在习俗、服饰、船形等比较小的方面的特色差异。在依靠勤劳智慧创造制成品来开展公平的海洋贸易方面，它们是一致的。

二、 闽南海洋历史文化的主要特征

早在原始社会，位于福建沿海的闽越人已经以海为生，创造了闽南原始海洋文化，最典型的就是金门的富国墩遗址。

之后中原人南迁，逐渐与闽越人发生融合，大约在唐末五代至北宋初年的100多年间，诞生了具有中国特色的闽南海洋历史文化。延续近千年的闽南海洋历史文化最大的特色，就是以海上贸易为引领，融合了闽南原始海洋文化和中原的农耕文化。

闽南海洋历史文化之所以能够以勤劳智慧创造出农产品和手工业商品来开展公平的海上贸易，最根本是在于其有着源自中原的深厚的农耕文化的基础，并且创造性地依托海洋开拓商品市场来引领农耕产品的商品化和市场化。

我国中原传统农耕文化的最大特点是自给自足。其生产的产品，主要用于自己消费，而不是用于市场交易。而闽南的农耕文化在海洋、海商的引领下，具有强烈的商品化特点。比如清代的同安农田主要不是用来种植自己吃的水稻，而大多是用来种植卖给糖商的甘蔗。因为一亩地种甘蔗所得，是种水稻的数倍。

历史上同安的每一个村庄至少都会有一个榨蔗制糖的糖廊，收购农民的甘蔗制成蔗糖，然后用同安人创造的"同安梭船"载往东南亚，换取那里的暹罗米、仰光米、安南米。据说最成功的商人一斤糖可以在那里换到十多斤大米。清朝有不少文献记载了皇帝特许南洋的大米可以免税或减税进口到厦门。仔细查阅，发现那些申请免税的进口商，都是华人的名字，其中很多是同安海商。

在厦门海商的引领下，同安平洋地种甘蔗，制糖出口；山坡地种龙眼树，制龙眼干出口；山地种茶树，制茶叶出口。海洋文化引领着农耕文化，引领农产品走向商品化、市场化，创造出更加丰厚的财富。

所以，闽南海洋历史文化中的农耕文化与中原传统的农耕文化是不一样的。它以海商所开拓的海洋贸易市场为引领，以农民辛勤劳动所制造的规模化的商品（不是自给的产品）参与海洋的商业活动，是整个闽南海洋经济链条中一个不可或缺的环节，已经完全融入闽南海洋历史文化之中。这是闽南人、闽南文化在明清时期，特别是清前期一个伟大的创新和开拓，也传承和巩固了闽南海洋历史文化最主要的特色。

因此，在今日重新审视中国海洋文化时，闽南海洋历史文化的发展轨迹和独具的特色便是辨识中国海洋文化的最好依据。

长期以来，闽南人对自己"根在河洛"深信不疑，甚至常常以"唐人"自居，对自己所处的区域统称为"唐山"。这种对中原乃至"唐朝"根深蒂固的偏好，不仅与闽南先人南迁前最深刻的记忆及其形成之初的历史密切相关，更是一种自身文化在迁徙、融合和变迁之后，对祖先文化、中央文化的一种认同。这是汉文化、中华文化一个非常重要的特质。正是这一特质，使得在广袤的中国土地上，东西南北不同区域、不同省份，甚至连方言都相互听不明白的亿万汉人，认同一种汉文化，凝聚成一个民族。进而使56个语言、服饰、习俗都不尽相同的民族融汇成了一个中华民族。

这一方面得益于各民族都参与了大一统中央文化（雅文化）的构建，他们把自己各自不同特色的区域文化、民族文化都融进了大一统文化之中；另一方面源于东西南北中的各族人民对自己区域文化作为汉文化、中华文化的解读有着极大的宽容和认可，甚至是鼓励。

由于历史的局限，过去我们曾经认同中华文化单一起源说，认为四面八方的区域文化都是吮吸着中原母文化的乳汁成长的。但是，现代考古的发现证明，中华文化的起源是多元的。母亲的乳汁，是四面八方的孩子们奉献的三牲五谷、山珍海味共同酿造而成的。中华文化历经多元多次重组，你中有我，我中有你，甚至还有他。我们需要在这样的理解上重新认识中华文化与闽南文化的关系。

三、 闽南海洋历史文化的孕育、 形成与发展

考古的发现告诉我们，早在中原汉人南迁到达闽南之前，这里已经生活着世世代代以海为田、以舟为马的古百越人。海洋已经成为他们生活的一部分，他们不仅已经拥有成熟的渔业型原始海洋文化，而且已拥有相当高超的航海技术和造船技术。

从西晋永嘉之乱始，饱受战乱的中原人一路辗转南迁，陆陆续续在晋江、九龙江、漳江等闽南母亲河流域定居，并开始与当地闽南古百越的原始海洋文化相融合。融合之后的闽南人开始适应闽南的地理环境，从而有了深入发展的创造性。这种循序渐进的本土化发展历程，既深化了闽南人的海洋性格，又创造产生了融农耕与海洋为一体的闽南海洋历史文化，并使之成为闽南文化最基本的底色和最耀眼的亮点。

闽南海洋历史文化和闽南文化的孕育，或许有时间上的先后，但闽南文化的形成必然是在闽南海洋历史文化形成之时，方才奠下了历史的里程碑。

闽南海洋历史文化的形成发展大致可分为六个时期。

1. 孕育期

从西晋永嘉到唐末，中原南来的汉族和闽南古百越的山畲水疍开始了融合的进程。这两种文化的相遇必然有激烈的碰撞、痛苦的磨合与相互的包容。唐初，陈政、陈元光父子以雷霆手段直捣畲族的中心火田，古稀之年

的魏妈以化怨为和的精神推动了汉畲的融合。但30多年后陈元光的死，警醒了唐军。陈元光的子孙从云霄退漳浦，从漳浦迁龙溪，未尝不是在利害得失的权衡之后对畲族的退让。

在晋江流域，汉族与疍民也形成了各自生存的边界，和平相处。泉州士绅赋诗欣赏疍家的海味，当是对疍家生活世界的包容。

到唐代中叶，闽南呈现出山地畲、海边疍，汉人在最肥沃的河流冲积平原的格局，呈现出彼此边界明晰的"和为贵"的包容。包容并不是融合，但在和平的包容中彼此相互认识、了解，进而欣赏，"两情相悦"，这正是融合的开始。

最后"进入洞房"，诞生新的生命、新的文化，必须有一个锣鼓喧天、鞭炮齐鸣的日子。这个日子在唐末藩镇割据、军阀混战和黄巢血洗福建的历史背景下，终于来到了。

2. 形成期

后世尊王审知为开闽王，千年祭祀，这一历史的价值、意义，值得我们今天重新来品味、体会。

唐末安徽军阀王绪率领五千兵马、数万河南固始百姓千里辗转来到同安北辰山。因为饥饿，王绪下令杀死固始的老人而被王潮、王审邦、王审知三兄弟夺权。又因为饥饿，三兄弟夺取泉州，第一次品尝到了闽南的海鲜海味。在经历黄巢起义军的洗劫之后，仅靠泉州的存粮，没有闽南疍家的海鲜，是不可能满足这几万中原兵民的饥肠的。而他们也在品味到海鲜的美味，体会到海鲜蛋白给予他们的力量和智慧的同时，开始产生了对海洋的情感和热爱，以及对疍家所拥有的闽南原始海洋文化的欣赏、羡慕与追求。这是之前几次大规模迁移来的中原移民所没有体会到和产生的情感。

这是饥饿产生的情感。饥饿使这些中原南来的汉人，放下了面对土著居民的高傲和不屑，学会了平等地对待带给自己美味和温饱的疍家。这种"美人之美"推动了双方的"美美与共"，那个"进入洞房"的日子终于来到了。

这数万河南固始百姓心满意足地在闽南安家落户，开始关注闽南原始的海洋文化，并在从唐末到宋初的百年间，把自己从中原带来的农耕文化，包括手工业技艺、造船技术、冶炼金属技艺等等，融入了闽南原始的海洋文化，创造形成了农耕时代的闽南海洋历史文化，也形成了闽南文化最重要的特色。

3. 飞速发展期

两宋时期由于政权对海洋交通贸易的关注，以及各种历史的因缘际会，使闽南的泉州港得到了飞速的发展，成为世界屈指可数的大港口之一。闽南烧制的以青白瓷为主的各种瓷器，成为对外贸易的主要商品。闽南的福船应用了龙骨、水密隔舱等先进的造船工艺，成为当时世界先进的远洋船舶。闽南的航海人运用了水罗盘等各种先进的航海技术，形成队伍庞大、技术先进的远洋船队。在如此彪炳于世的海洋经济基础之上，闽南人创造了闽南海洋历史文化，这也是闽南文化最为辉煌灿烂的一页。

4. 畸形发展期

元代不足百年,却是闽南文化的灾难期,也是闽南海洋历史文化畸形发展的时期。在这一时期,元朝统治者以残酷的民族压迫和剥削阻挡闽南底层百姓赖以为生的农产品和手工业品的商品化生产,扼杀了其辉煌的文化创造力,摧毁了支撑闽南海洋历史文化的闽南农耕文化。

南宋淳祐年间(1241—1252 年),泉州共有 255,758 户,计 132.99 万人。仅仅二三十年后的元至元八年(1271 年),泉州户口锐减至 158,800 户,81 万人。到元朝末期的至正年间(1341—1368 年),泉州路辖境未曾增减,但户口已减为 89,060 户,45.55 万人;到明洪武十四年(1381 年),户口继续减至 62,471 户,35.11 万人[①]。泉州的人口从宋末的 133 万减少到明初的 35 万。这一时期刺桐港给闽南人、闽南文化带来的灾难之深重,可想而知。

支撑元代刺桐港进一步发展壮大的原因之一,是因元朝疆域广袤的领土成为刺桐港的腹地。刺桐港是元代中国最大的港口,它的腹地延伸到了全中国,出口的商品来源于全中国,特别是南方各地最优秀精美的农产品和手工业品,其中最著名的就是元青花瓷,它出产于景德镇而不是闽南。在这样广阔的腹地支撑下,刺桐港成了世界最大的贸易港口。但这个港口最富有的是色目人,最有权势的是蒙古贵族。元朝统治者剥夺了闽南百姓走

---

①泉州市地方志编纂委员会:《泉州市志》,中国社会科学出版社,2000 年版。

向海洋的主导权。八娼、九儒、十丐，闽南的精英知识分子比乞丐好一些，比娼妓还不如。闽南文化在社会的最底层挣扎呻吟。

一面是海洋历史文化的高度发达，一面是闽南百姓的贫富分化不断加剧。这种畸形的发展状态，深刻影响了其后闽南海洋历史文化的曲折走向。

5. 曲折发展期

元朝的残酷压迫引发了元末闽南百姓的起义，也摧毁和赶走了元朝最富有、最庞大的泉州刺桐港色目人海商集团。紧接着闭关自守的明朝统治者，又实行了民间"片板不许下海"，只准官方朝贡贸易的政策。世界最大的港口泉州刺桐港的地位从此一落千丈。

但是闽南人的心永远向着大海，他们几乎是全民开展走私贸易，甚至集结成海上武装走私贸易集团来抵抗明廷统治者的海禁。闽南的海洋历史文化就从两宋时期的官商一体共同推动海洋交通贸易转变为官海禁、民走私，官民对立的海洋贸易。在这样的生产生活环境中产生了闽南人民不畏强暴、刚强不屈、犯险冒难、好勇斗狠的性格。

这一时期又正是西方大航海时代的初期，葡萄牙、西班牙帆船叩关中国。闽南人在艰难的环境下主动对接并发展新的海外市场，生产了克拉克瓷、漳绸漳缎、天鹅绒等商品，震惊了西方市场，赚取了大量的白银。这一经血与火洗礼的艰难曲折发展，凝结了无数闽南人的生命和苦难。

两百年的博弈，终于使明朝统治者明白：禁则海商变海匪，放则海匪变海商。于是有了隆庆开海，官民再合作，创造了闽南海洋历史文化中的月港辉煌。

林仁川教授认为，月港是"大航海时代国际海上贸易的新型商港，美洲大航船贸易的重要起始港，大规模华商华侨闯荡世界的出发港，中国封建海关的诞生港"，对中国、世界社会经济都产生了重大影响。

月港繁荣的末期，被誉为"经济全球化东亚第一人"的郑芝龙打败了西方海上霸主荷兰人，控制了东亚海上贸易。他把闽南海上交通贸易的中心从月港迁移到了安平港，时间虽很短，但延续了月港的辉煌。

他的儿子郑成功面对清军和荷兰人的夹击，把根据地转移到了厦门，设立了思明州，开创了军港、商港、渔港三合一的厦门港。他又创立陆海相联的山海五路商业网络，把厦门港的腹地延伸到了全国，几乎掌控了当时全国的海上交通贸易。而后他又驱赶荷兰人，收复台湾，为闽南海洋历史文化写下了光辉灿烂的一笔。

为了扼杀郑氏集团的经济来源，清王朝残酷地实行了"迁界"和弃岛政策：沿海各省三十里地不准居住耕作，限时搬迁；沿海岛屿全部清空。迁界从 1661 年开始，至 1684 年二十多年的时间，从根本上断绝了闽南人与海洋的联系，使原本陆海相系的海洋经济链条完全断裂，以致有不少地方的经济长时间难以恢复。

当然，与明代官民逾两百年的残酷博弈相比，这也只是闽南人走向海洋的一个短暂的曲折过程。康熙二十二年（1683 年）施琅收复台湾后，清王朝将台湾纳入版图，台湾成为福建省台湾府，开放福建人渡海开垦台湾。

闽南人近水楼台先得月，"唐山过台湾"成为闽南海洋历史文化重要的一环。清廷还取消了迁界，开放了海禁，并在厦门岛设立"闽海关"。虽然其后时放时禁，但经不住闽南人向海之心的汹涌澎湃，从康熙到道光的150多年间，闽南人围绕着厦门港重新构建起海洋与农耕相融合的闽南海洋历史文化，并形成了闽台两地一体的海峡经济区。

风靡一时的同安梭船源源不断地将闽南的糖、瓷器载往东南亚，并载回暹罗米、仰光米、安南米。朝廷还多次下谕予以减税进口。虽然乾隆将西洋贸易归于广州一口，但广州十三行的四大行首，仍有同安白礁潘、漳州诏安叶、晋江安海伍三家来自闽南。

可是，农业文明的丧钟已经敲响，而闭关锁国、妄自尊大的清廷竟充耳不闻，直到鸦片战争列强炮舰的大炮轰响。

6. 衰亡期

建基于农业文明的闽南海洋历史文化，面对西方工业文明的咄咄逼人，虽然也曾抗争，也曾效仿，却依然一步步落败，走向衰亡。这一时期虽然商品的出口越来越少，但聪明的闽南人走出国门的却越来越多。他们呼朋唤友、成群结队走向世界。落番下南洋、侨汇支持家乡，实业救国、教育救国，回国革命、回国抗日、回国建设新中国，成为这一时期闽南海洋历史文化耀眼的光彩。

闽南海洋历史文化的衰退，从鸦片战争前开始，一直延续到改革开放初期。其时闽南的出口商品，几乎只有针对东南亚华侨的茶叶、瓷器、珠绣拖鞋、佛雕等手工艺品和有限的闽南水果。

闽南海洋历史文化的衰退与闽南工业化的学习和建设，几乎是同时开始的。到改革开放初期，闽南已经奠下了一定的工业基础。改革开放 40 余年，跟随着祖国发展的步伐，闽南人民开创了自己建基于工业文明的当代闽南海洋文化。在这其中台港澳的闽南人以及海外的闽南华人华侨作出了许许多多的贡献。

不过，关于工业时代的闽南海洋文化已经是另外一个研究课题。

四、 闽南海洋历史文化的内涵

海洋文化是人类在特定的时空范畴内，与海洋互动而生成的所有物质与非物质的文化，包括相关的经济、军事、科技、文化交流等活动，因海而生的各种生活方式，以及行为、习惯、制度、语言、艺术、思维方式和价值取向。

闽南的海洋历史文化大致包含以下几种。

1. 闽南渔业文化

闽南的渔业分为内海、外海和远洋的捕捞，还有滩涂和近海的养殖以及相关的加工业。由此产生各种生活习俗、口传文学、民间信俗等渔文化。出海的渔民被称为"讨海人"。沿海半农半渔的村落耕耘滩涂和近海，被称为"讨小海"。

2. 闽南盐业文化

闽南沿海半农半渔的村落，有的占有地利，很早就在自己的海湾滩头开辟出盐埕，并形成了一整套海水晒盐的生产技术、相关的工艺流程和生产工具。古时候，闽南绝大多数的盐业生产都有官方的介入，实行了盐业专卖的制度，但食盐的生产和走私，却也是绵延不绝。在这样的经济生产、交流、制度之上，产生了独具特色的闽南海盐文化。从事这一行业的人被称为"做盐的"、盐埕工。

3. 闽南船舶文化

福船是我国历史上远洋船舶最杰出的代表。福船的创造和生产，起于五代至两宋时期的闽南。其后历朝历代的闽南人不断地对福船进行创新、改造，直至清初创制了同安梭船，呈现了闽南造船技艺独树一帜、领先世界的风貌。从事这一行业的人被称为造船人。他们不但创造、传承、发展了造船的技艺，而且创造传承了相关的民俗习惯、口传文学、民间制度、民间信俗，极大地丰富了闽南海洋历史文化。这一文化在现今造王船的技艺和习俗中被较好地传承和留存，但也面临着后继无人的境况。

4. 闽南航海文化

这一文化包括观测天象、海象的智慧，制作牵星图、针路图、水罗盘的技艺，染制海上服装、风帆的技术，海上养猪、补水等创造供给的智慧，尤其是与风浪搏击的技艺和智慧等等。闽南人称航海人为"行船人"。他们拥有默契的团队精神，创造了独具特色的民俗习惯、专有名词和民间信俗。他们同舟共济、不畏强暴的精神深刻地影响了闽南文化的价值取向。

5. 闽南路头文化

闽南人把码头称作"路头"。"路头工""路头王"

"路头好汉"，还有过驳舢板的船工，以及雇请船工、路头工的货主等构成了闽南港口文化的主体，演出了闽南路头一幕幕人生剧。

6. 闽南海商文化

郊商郊行虽然是清以后才出现在文献典籍上，但闽南从五代开始的海上交通贸易就是在城郊外设立"云栈"。郊商郊行和侨商，是闽南海商最主要的群体，产生了一整套贸易制度和贸易体制，深刻地影响了清朝时期闽台两地海峡经济区的形成以及中国与东南亚的经济文化交流，推动了台湾文化和南洋华人华侨文化的形成。

当然，明海禁两百多年所催生的闽南海上武装贸易集团，也有自己的贸易体制和贸易制度，也催生了独具特色的海商文化，并深刻地影响了后世的海洋文化发展。

7. 台湾文化

台湾文化是中华文化的又一个区域文化，由多种文化融合而成，但它的主体无疑是闽南文化。台湾75%的人祖籍闽南，90%以上的人讲闽南话，大多数人信奉和参与闽南民间信俗活动，所有这些都源起于"开台第一人"颜思齐开始的"唐山过台湾"。闽南人的分香、分炉、分庙和其后的进香、谒祖、续谱，让闽南文化深深地扎根于台湾，并在那儿吸收融合其他的种种文化，不断地有新的创造和发展，回馈闽南原乡故土。

8. 华侨华人文化

闽南人下南洋历史极其悠久，不过最大量的迁徙南洋是在鸦片战争以后。闽南的华人华侨分为两支，一支落叶归根，以陈嘉庚这样的归国华侨为代表；一支落地生根，以峇峇娘惹为代表。当然还有所谓的"新侨"，他们大都已经在居住国落地生根、开花结果。他们各自都创造和形成了具有鲜明特色的华侨文化，成为闽南海洋文化重要的组成部分。

9. 海防文化

闽南人鲜有凭自己的武装去霸占他人领土、掠夺他人财产的历史，有的只是因别人来侵略来掠夺而奋起的反抗和防卫。大航海时代，荷兰人来犯，被郑芝龙、郑成功父子打得落败而归。鸦片战争以后，闽南人与英国人、法国人、日本人都交过手，挨打的情况多，但依然不屈不挠，英雄辈出，书写了闽南海洋文化壮丽的一页。

10. 海盗文化

有海就有盗。闽南海盗的历史也非常久远，早在唐代、五代的时候，商船出航都要结伴而行以避海盗。推动闽南海盗横行的，是明朝的海禁，大多数的海商不得不成为海盗，结成海上贸易武装集团。明朝的"倭寇"，实际上很多是闽南人为了获取贸易的货源伪装的强盗行为。后来开海，朝廷又采取以盗治盗的策略，贻害无穷。闽南的海盗时起时伏、绵延不断，直到1949年新中国成立才算结束了闽南海盗的历史。

不过闽南的海盗对台湾的开发，对南洋的早期开发，却也是有贡献的。他们也形成了自己一整套独特的习俗和行为规范。无论是正面还是负面的历史经验，都值得我们研究。

11. 水客蛇头

这是一个非常独特的群体，历史非常悠久。他们往来于闽南和台湾、闽南和南洋，为人们传递信息，传送物品、金钱，最后形成了侨批行业。但这只是他们业务的一小部分。他们还走私物品，协助偷渡，贩卖人口。他们也形成了自己一整套的规矩，甚至行话。除了后来的侨批引起关注，水客、蛇头的文化却很少被人们所关注。

当然，研究闽南海洋历史文化，除了上述从人员、行业分类来展开研究，也可以按照西方分科治学的办法，把闽南海洋历史文化切割成民俗、宗教、技艺、艺术、口传文学、海洋科技等等。从历史学角度还可以分为航海史、贸易史、渔业史、海防史、海难史等等。

还有另外一种研究办法。即六个问题的研究法：

在哪里？——闽南海洋文化的区域范围。

哪里来？——闽南海洋文化的历史。

有什么？——闽南海洋文化的内涵。

是什么？——闽南海洋文化的核心精神。

怎么样？——闽南海洋文化的现状。

哪里去？——闽南海洋文化的未来走向。

这是将闽南海洋文化视为一个整体，一个生命体，来展开全面的、长时段的、动态性的系统研究。

这几种不同的分类和研究方法，并无高下之分，只是观察事物的角度和方法的不同。

鉴于我们的队伍、经费和我们所据有的资料的局限，我们选择第一和第二种方法的结合，从五个专题切入，编写六本小册子：《走向海洋——从刺桐港到月港》（作者蔡少谦、黄锡源），《思明与海》（作者陈耕），《讨海人——玉沙坡涛声》（作者陈复授），《东南屏障——从中左所到英雄城市》（作者韩栽茂），《飞越海峡的歌》（作者符坤龙），《闽南人下南洋》（作者蔡亚约）。

今后若有可能，则还想继续组织研究闽南海商、闽南行船人、闽南造船人、闽南路头工、闽南海盗等方面的课题。

当然就我个人而言，更期待能够有机会、有支持，来展开对闽南海洋文化整体的系统的研究。

中国的海洋文化已经有许多先哲和同仁开展了出色的研究，我们是后来者。由于视野和资料的局限，仅仅关注于闽南、厦门海洋历史文化的探索。期待方家和读者的指教。

以上的主要观点，我在 2019 年 12 月 14 日厦门市文化和旅游局主办的"人与海洋"学术研讨会发表过，做了些修改，权作本丛书的序。

陈耕

（厦门市闽南文化研究会原会长）

2019 年 12 月 16 日

目 录

第一章　唐山过台湾

　　"我们的祖先是从唐山来的!"

　　这句话,在台湾民间代代相传,父告子,子传孙,一代叮咛一代……

　　"唐山",在闽南话中,是对原乡故土的称呼。在台湾和海外华人心目中,闽粤两地乃至于整个祖国大陆都是"唐山",大家都是"唐山人"。

　　人即文化,文化即人。唐山过台湾,中华文化也传播到了台湾。今占台湾人口 73.3%（1945 年前为 83%）的闽南人和 12.6%的客家人,他们将闽南文化和客家文化这两种中华文化的地方文化传播至台湾,与高山族文化一起,构成了具有台湾特色的中华文化。当中以闽南文化,为台湾最普遍、最具代表性的地方文化。

　　应该指出的是中华文化传播台湾,从一开始就是不分畛域的。郑氏官兵虽以闽南人为主,但其麾下刘国轩为客家人,马信则为陕西人。

　　中华文化传播台湾,是一次历史久远、波澜壮阔的文化播迁,无数的"渡台悲歌",交汇着美丽的"高山情歌",才焕发出中华文化在台湾的绚丽。

第一节 宋元时期台湾的开发

北宋初年以降，中国经济重心不断南移，南方人口逐渐超过了北方。福建在当时人口增长迅速，且多山少田，"土地迫狭，生籍繁夥，虽硗确之地，耕耨殆尽，亩值浸贵"。在严重人地矛盾之下，许多贫苦农民丧失土地或找不到土地耕种，不得不离乡背井，转而出海谋生。福建造船材料丰富，人民习于航海，宋代以后，海上交通贸易日渐发达，泉州港也逐渐成为重要的海上交通贸易港。《宋史》记载在泉州之东，"有海岛曰彭湖，烟火相望。其国堑栅三重，环以流水，植棘为藩，以刀剽弓矢剑铍为兵器，视月盈亏以纪时。无他奇货，商贾不通，厥土沃壤，无赋敛，有事则均税"，显示当时澎湖仍然是原始部落社会。澎湖位于祖国大陆和台湾的中途，早期更路图记载，从厦门到澎湖7个更次，从澎湖到台湾4个更次。1个更次是2个小时，也就说船只顺风顺水只要22个小时就可以从厦门驶到台湾，到澎湖就更近了，十几个小时就到了。

澎湖共有64座岛屿，不过宋元时却只知其中的36个。闽南的渔船很早就发现了澎湖，并常在那里躲避风雨，补充淡水柴薪，修理网具帆索。渐渐地就有些人在岛上搭起草寮，作短期居住。一开始只是少数老弱病号留下越冬待汛，后来就有更多的人构筑房舍，饲养家畜，围垦田地，长期定居下来。[1][2]

南宋期间，随着航海造船技术的进步，加之福建又毗邻南宋

---

[1] 连横《台湾通史》卷一：而澎湖地近福建，海道所经，朝发夕至。漳、泉沿海之黎民早已来往，耕渔并耦，不侵不畔，几为熙皞之世。

[2] 陈懋仁《泉南杂志》卷上引《泉郡志》：东出海门，舟行二日程曰澎湖屿，在巨浸中，环岛三十六，如排衙然，昔人多侨寓其上，苫茅为庐，推年大者为长，不蓄妻女，耕渔为业，牧牛羊，散食山谷间。

都城临安（今杭州），泉州逐渐取代广州成为对外贸易的中心，除传统的南海航路以外，又开辟了一条由福建直通吕宋、苏禄（均在今菲律宾）和婆罗洲（今加里曼丹岛）诸岛的新航路，澎湖位于泉州航往吕宋诸岛的中途，时有商船在这里停泊贸易，所以又出现了"工商兴贩，以乐其利"的盛况。

据记载，南宋时澎湖已成为闽南渔民聚集地。南宋周必大《文忠集》卷六十七《汪大猷神道碑》记载了"海中大洲，号澎湖，邦人就植粟、麦、麻"，又有楼钥《攻媿集》卷八十八《汪大猷行状》记载：南宋乾道七年（1171年），泉州知州汪大猷，曾遣军民屯戍澎湖（时称平湖），以防毗舍耶人之侵袭。从以上两段史料可以知道，汪大猷是南宋乾道年间泉州知州，在任期间，曾因毗舍耶人时常掠袭澎湖，"尽割所种"，他专门派人在澎湖盖房200间，"遗将分屯"，就算一间房只住一个兵士，也有200人的队伍。以常识推断，其保护的民众，当远远超过此数，这证明当时澎湖已有相当多的闽南人定居。宋赵汝适《诸番志》中则云："泉有海岛曰澎湖，隶晋江县。"明万历三十三年（1605年），沈有容《闽海赠言》中提道："闻之，澎湖在宋时，编户甚繁。"所谓"编户"，指官府列入户口名册的居民，可见宋时澎湖不但已有汉人定居，而且已受官府管辖。在后来的考古发掘中，于澎湖之吉贝屿、姑婆屿、鸟屿、八罩屿等地，均有"守墟"发现，并出土有宋代瓷片及钱币等物品，亦可见宋代已开始开发经营澎湖。

连横在《台湾通史》中说"历更五代。终及两宋，中原板荡，战争未息，漳州、泉州边民，渐来台湾，而以北港为互市之口"，"当宋时，华人已至北港贸易"。北港在今台湾云林县，与澎湖仅隔一条阔约30海里的水道，"烟火相望"，"鸡犬之声相闻"。北港海面渔产最为丰富，是澎湖渔船经常出入之地。这样，如同开发澎湖一样，大约从宋代开始，一方面有大陆商人到台湾北港等地进行贸易活动，一方面，还有一些闽南、澎湖的渔民到台湾的北港、大员、打鼓、小琉球等处定居，开始了最初的迁徙。

宋元之交，有宋朝遗民亡命寄居台湾。康熙《诸罗县志·外记》："土番种类各异，有土产者；有自海舶飘来者，有宋零丁洋之败，遁逃至此者。"乾隆初重修的《台湾府志》则说："南社、猫儿干二番社，其祖兴化人，渡海遭风，船破漂流到台。娶番妇为妻，今其子孙婚配，皆由父母主婚，不与别番同。"这些人不但定居下来，而且存留汉俗，历久而不泯，并已结成社，可见其人数。兴化即莆田，宋初属泉州，后析设兴化军。这也印证宋末元初确实有迁徙台湾的唐人。清《蠡测汇抄》提道："卑南觅……今其女土官，珠宝盛饰，如中华贵家，治事有法；或奉官长文书遵行惟谨，闻其先本逃难汉人，据地为长，能以汉法变番俗，子孙并凛祖训，不杀人，不抗官。"《噶玛兰志略》也提道："琅峤后为全台适中之地，番王居之，统内、外社。或云宋零丁洋之败，有航海者至此。"足证至迟宋时即有唐人迁徙台湾，平埔族群当中的某些村社祖先源自大陆。

元代版图横跨欧亚，在继承南宋市舶制度的基础上，也十分重视航海事业和对外贸易活动，台湾近在咫尺，自然会引起元政府的注意。《元史》记载："漳、泉、兴、福等四州界内，澎湖诸岛，与琉球相对，亦素不通，天气清明时，望之隐约若烟若雾，其远不知几千里也。西、南、北岸皆水，至澎湖渐低，近琉球则谓之若漈，漈者水趋下而不回也，凡西岸渔舟到澎湖已下，遇飓风发作，漂流若漈，回者百一。"在至元二十九年（1292年）及大德元年（1297年），元两征台湾。第一次实际未至台湾而返，第二次"擒生口一百三十余人"，并无太大的成果。

元代第一次征台由宣抚使杨祥、礼部员外郎吴志斗、兵部员外郎阮鉴带领六千军马出发，在政策上，先招抚后攻伐，当年从汀路尾澳出发①，航行半日，远远看见了岛内的山脉，距离还约有五十里，杨祥指称这就是瑠球（台湾），阮鉴则不置可否，杨祥乃亲自带领两百多人乘小舟，带着三屿人一起登岸，但是岛上的土人听不懂三屿话，而且元军被土著杀死了三个人，故而返回。总之，这次的行动是无功而返。

在台湾的考古发掘中，北部海岸地带的十三行文化晚期番社后类型遗址出土了一只元代的飞凤纹壶。考古发现者指出，番社后类型遗物"常和宋、元两代的瓷器一起出土"②。飞凤纹壶似可作为元军曾到过台湾本岛北部的物证。按照古代的典章制度，以龙凤花纹装饰的瓷器应是宫廷御用的器皿③，其用途，或是元世祖赏赐给杨祥等人所用的，或是他们在与当地部落头目打交道时作为信物或礼品之用。所以，杨祥等人到达的可能就是台湾岛。

当时台湾岛内分为许多大小不同、不相隶属的部落，对于部落以外的人，由于缺少接触而怀有高度的警惕和敌意，根本找不到可与之打交道的对象。所以，尽管当时元朝多次积极进行招谕，但仍无结果可言。

这段时期，元朝政府在澎湖设立巡检司，隶属于福建行省泉州路晋江县④，是台湾有正式建置的开始。巡检司是县级衙门底下的基层机构，官阶很低，只有九品，主要负责巡逻和查缉罪犯。其设置说明在 13 世纪，澎湖群岛就已经纳入中国版图了。

虽然官方初次在澎湖设立行政机构，但在此之前民间对澎湖的开发，已有一定规模。元顺帝时，汪大渊从泉州附搭海船，远游各地，其中随船舶至台湾，对台湾进行深入的考察，根据耳闻目睹写成了著名的《岛夷志略》一书，书中真实地记载了当时澎

---

①汀路尾澳有一说在今澎湖群岛南端的猪母落水社。

②刘益昌：《台湾的考古遗址》，台北县文化中心，1992 年版。

③许勇翔：《龙泉窑贴花龙凤盖罐》，《文物》1980 年第 9 期。

④汪大渊《岛夷志略》："地隶泉州晋江县，至元年间，立巡检司。"

湖的情况，成为记述早期台湾情况的珍贵史料。该书澎湖条云：

"岛分三十有六，巨细相间，坡陇相望，乃有七澳居其间，各得其名，自泉州顺风二昼夜可至。有草无木，土瘠不宜禾稻，泉人结茅为屋居之。气候常暖，风俗朴野，人多眉寿，男女穿长布衫，系以土布。煮海为盐，酿秫为酒，采鱼、虾、螺、蛤以佐食，蒸牛粪以爨，鱼膏为油。地产胡麻、绿豆。山羊之孳生，数万为群，家以烙毛刻角为记，昼夜不收，各遂其生育。土商兴贩，以乐其利。"

汪大渊游台湾，登高山观海潮与日出，这可能系由当地汉人引导，这说明当时台湾已有汉人居住。从汪大渊的记载来看，当时迁居澎湖的居民主要是泉州人，因泉州离澎湖最近，当地居民又有漂洋出海的习惯，故泉州人迁居澎湖的记载是完全可信的。在元朝，泉州人举家迁到澎湖，生儿育女，过着稳定的定居生活。依据连横在《台湾通史》的估算，"当是时，澎湖居民日多，已有一千六百余人，贸易至者岁常数十艘"。

当然，宋元年间汉族迁徙台湾本岛，恐还在极少数。这时期汉文化在台湾的传播，主要还是依靠与当地少数民族的商业贸易活动。当时已经有大陆商船载货前来贸易，据乾隆时期台湾海防同知朱景英的《海东札记》中说：

"台地多用宋钱，如太平、元祐、天禧、至道等年号。钱质小薄，千钱贯之，长不盈尺，重不逾二斤。相传初辟时，土中有掘出古钱千百瓮者；或云来自东粤海舶。尝往北路，家童于笨港口海泥中得钱数百，肉好深翠，古色奇玩，乃知从前互市，未必不取道此间。"

这么大量的北宋年间古币，足证其时该地的贸易活动情况，也印证连横《台湾通史》之言："当宋元时，华人已至北港贸易。"朱景英所说的笨港，即是连横所称北港，在今台湾云林县北港镇，其为宋元时代台湾的通商口岸，已为众多史家所赞同。在这种贸易活动中，很自然地将中华文化带到了台湾。

第二节　明朝的海禁政策

明代的朝贡贸易和严厉的海禁政策，沉重地打击了闽南的经济发展。洪武初年，设广州、泉州、宁波三处市舶司，专管贡船招谕诸国入贡。贡品只能送给朝廷，明廷再赐给各国中国的产品，完全由朝廷垄断对外贸易。明廷为了表示其富庶和恩惠，对来朝贡的国家，报酬特别加等。如琉球贡马四十匹，明廷竟赏赐陶瓷七百件，铁器一千件，完全是亏本的生意。同时对贡船、贡使、贡物皆严厉限制。而且，贡使必须从广州、泉州或宁波到北京朝见皇帝，沿途货物折耗，官吏勒索，虽有赏赐，未必有多少获利。本来诸国入贡，乃是利益驱使，在这种限制下，通商利益极小，不得不多带私物，暗中与民间交易。后朱元璋索性实行严厉的闭关政策，撤废市舶司。人民下海通商，罪至斩首。先规定泉州只能通琉球等小国的朝贡，继而下"寸板不许下海"的禁令，禁止民间造海船与海外通航通商。

明成祖即位后，恢复三处市舶司，但却对私商抽取很高的税收，而政府则组织兵力货物，开展对外贸易，与民争利，郑和七次下西洋就是在这一背景下进行的。郑和下西洋对传播中华文化有深远的意义，但明廷的目的只是为满足皇帝"万国朝贡"的快意，所得奇珍异宝仅供朝廷一时的赏玩，去交换的物品如黄金、瓷器、丝绸无不是百姓的血汗。

宣德年间再下禁海令，而且专门针对福建，严禁通番。正统年间又重申禁令，"奸民下海，犯者必诛"。景泰年间，再命刑部出榜，禁止福建沿海居民，不得通番走私。闽南自宋元以来，人口剧增，地少人多，人口压力本已很大，相当一部分人或渔或商，以海为生，而且宋元时期重视海上贸易活动，特别是福建泉州，曾经是全国对外贸易的中心，吸引过无数东南亚和中东商人到此地贸易，闽南自此即有向海之风气，早就形成海上贸易传统。明王朝这一海禁，等于断了多少人的生计，更增加了人口的压力。闽南人只好奔走四方，从陆路迁徙今广东潮汕、江西东北部、浙江南部；从海路迁徙今海南岛、雷州半岛、闽东沿海，有的更过台湾、下南洋。

留下来的既困于衣食，又限于海禁，生计无着，于是不少人就铤而走险，结成冒险集团，且商且盗。朝廷所以一再下禁海令，就是因为屡禁不止，甚至越禁越多。到了嘉靖年间，闽南海盗已成气势，拥兵万人，船百艘者，非止一股。这些海盗集团以台湾、澎湖为巢穴，官军征剿，便遁入台湾。据台湾省文献委员会编《台湾史》载："林道乾如台之役，实为台湾开辟史上一大事。征诸旧志，其足迹所至，殆遍各港口附近。"在客观上，这些海盗集团对台湾的开发是起了一定作用的。

嘉靖四十二年（1563年），林道乾被都督俞大猷追剿，逃到澎湖随即"遁入魍港"。因为魍港（今嘉义布袋镇好美里）的海况复杂，沙洲连绵，海水深浅不一，官兵的大船不容易追查，而当地的福建移民又可以提供各种补给，因此变成一个很好的避风港、海盗窝①。官兵知道此地水道纡曲不再追击，留下偏师驻扎澎湖，又再度设置了巡检司。林道乾在台湾劫掠奴役少数民族同胞，少数民族同胞气愤谋划杀害林道乾。林道乾知道后，先下手为强，夜袭杀人后，埋巨金于打鼓山（今高雄市万寿山，打鼓、

---

① 杨渡：《1624，颜思齐大航海时代》，南方家园出版社，2019年版。

打狗均为高雄古地名），逃到北大年（今位于泰国南部）①。另一说法是受总兵胡守仁、参将呼良朋追击而溃散。

另一个强悍的福建海盗林凤，长年盘踞在南澳岛②，与族人时常劫掠于邻近的沿海地区。万历年间，林凤因与明朝官军戚继光、胡守仁等部多次交战，而转以澎湖列岛和魍港为根据地。大约自万历元年（1573 年）起，林凤势力逐渐坐大，后来打倒了林道乾，并吞其部众与船只。其船队经常骚扰福建及广东海面，官兵乃协力会剿。万历二年（1574 年），林凤被明朝总兵胡守仁追击，逃窜至澎湖，然后又到台湾魍港。在官军追击下，林凤扬帆南奔，改往菲律宾，林凤率领部队进入西班牙统治下的菲律宾吕宋岛，打败西班牙人，攻占马尼拉，烧杀抢掠当地。后为明朝福建巡抚刘尧诲、广东提督殷正茂与西班牙联军所败。失败后再逃到魍港，被胡守仁击溃于淡水海外，后不知所终。菲律宾前总统马科斯还曾宣称林凤为其先祖。林凤败亡后，还陆续有一些海上武装集团在活动。

另一方面民间潜逃私渡台湾、澎湖的也大有人在。特别是隆庆元年（1567 年）开始"准贩东西两洋"。万历十七年（1589年），又准往台湾淡水、鸡笼、北港的渔船减征税银。万历二十三年（1595 年）明廷准福建巡抚许孚远"疏通海禁"之疏，于是闽台之间的商舶渔船往来渐多，"于时台湾南起鹿耳、魍港、北港；北至鸡笼、淡水，皆为商舶、渔船所常至之地矣"。不过对日贸易仍然没有开放，尽管明朝政府规定不得往日本，但仍有闽南同安、海澄、龙溪、漳浦、诏安等地的人，假称到北港、基

①连横《台湾通史》卷一：嘉靖四十二年，海寇林道乾乱，遁入台湾。都督俞大猷追之至海上，知水道纡曲，时哨鹿耳门以归，乃留偏师驻澎湖，寻罢之。居民又至，复设巡检；已亦废之。道乾既居台湾，从者数百人，以兵劫土番，役之若奴。土番愤，议杀之。道乾知其谋，乃夜袭杀番，以血衅舟，埋巨金于打鼓山，逸之大年。

②今为广东省汕头市南澳县，是广东省唯一的海岛县。

隆、淡水捕鱼，实际上是走私货物去日本①，当时的同安名士洪朝选就描述过这种情况："漳人假以贩易西洋为名，而贪图回易于东之厚利近便，给引西洋者不之西而之东，及其回也，有倭银之不可带回者，则往澎湖以煎销，或遂沉其船，而用小船以回家。"

万历二十年（1592 年），日本伐朝鲜，沿海戒严。有情报称日本将入侵淡水、鸡笼，明朝廷以澎湖靠近台湾，考虑在澎湖部署兵力。万历二十五年（1597 年），开始设置移防的兵力，在春季及冬季交换移防澎湖。万历二十三年（1595 年），明廷开放澎湖海禁，福建百姓又成群结队迁移开垦，至明末澎湖已有五六千人居住。台湾本岛在十六世纪末。也已经有了一批汉人的村落，估计人口在一两万，基本上都是闽南人，根据天启三年（1623 年）荷兰人占领台湾之前对大员（今台南市安平区）所做的调查，为数超过一千或一千五百人②。其中，大部分是渔民及其家属，还有一些则是商人。如前述，这时闽台的商舶往来极多，除了长途贩运的商人，在岛上还出现了长期留在台湾专事收购土特产的坐商，和深入各部落村社交易的走贩。在贸易活动中，实际上也促进了汉族文化与少数民族文化交流。这些商贩大多是资本无多而又无家室之累的小商。他们分散居住在各部落村社中，保持着经常而密切的接触，有的甚至和少数民族女子结婚。这样，一方面他们逐渐了解和接受当地的生活习惯，一方面又把汉族语言、习俗和较先进的生产技术、文化知识传授给当地少数民族同胞。这也是汉文化与少数民族文化融合的开始，台湾已经开始成

---

①时任福建巡抚的许孚远在奏疏中写道："同安、海澄、龙溪、漳浦、诏安等处奸徒，每年于四五月间告给文引，驾驶鸟船称往福宁卸载，北港捕鱼，及贩鸡笼、淡水者，往往私装铅硝等货潜去倭国，徂秋及冬，或来春方回。亦有借言潮、惠、广、高等处籴买粮食。径从大洋入倭，无贩番之名，有通倭之实。"

②汤锦台：《大航海时代的台湾》，如果出版社，2011 年版。

为闽南人的安身立命之地。

第三节　开台第一人颜思齐

在闽台民间交往和海上贸易日益频繁的背景下，台湾海峡的海盗集团出现了新的变化，他们不再仅仅抢掠、绑票，而是以商舶的海上安全之名抽取商舶保护费，其中最著名的便是十七世纪初出现的李旦、颜思齐、郑芝龙集团。

李旦是明末中国东南沿海知名的海上贸易商人，拥有武装船队，在我国大陆和台湾地区及日本、东南亚等地开拓航线，进行商业贸易，传说李旦为郑芝龙义父。李旦于菲律宾经商，在1603年西班牙殖民者屠杀华人事件中逃过一劫，不过被俘在西班牙船上做苦力，经过九年后，逃跑至日本九州岛定居，成为当地华侨及华人商业界领袖。因为李旦与颜思齐背景极为相似，部分史书与历史学者一度以为他就是颜思齐，不过已证实两者不为同一人。

明天启四年（1624年），占据澎湖的荷兰殖民者被明军打败，荷兰人因此转而侵占台湾。期间与中荷双方都熟悉的李旦亲至澎湖协调，由通晓闽南话、南京官话、日语、荷兰语、西班牙语、葡萄牙语的郑芝龙担任翻译。依据当时闽南人海上贸易的路线，李旦应该经常往来台湾，至少他的船队是以台湾为转口港。1618年2月15日，平户的英国商馆馆长柯克斯在日记中曾写道，两三年来李旦船队中长期从平户出发至台湾交易再归来的商船共有十一艘①。当时李旦也是英国商馆的房东，可见其势力之大。据说，李旦在1625年曾经到大员（台湾）处理一艘货船被侵吞的问题，因损失过大回到日本后就抑郁而终。

---

①杨渡：《1624，颜思齐大航海时代》，南方家园出版社，2019年版。

颜思齐（1589—1625年），字振泉，福建漳州海澄县青礁村（今厦门海沧青礁村）人，在史籍上的记载也不多，最早记载于明崇祯元年（1628年）河南道御史苏琰《为臣乡抚寇情形并陈善后管见事》的上疏，史书中最早记载的是康熙三十五年（1696年）《台湾府志》卷一，另外于《诸罗县志》《重修凤山县志》《续修台湾县志》《彰化县志》《海澄县志》中亦有记载，不过只有寥寥数句，对于生平也未曾记载。[①] 记叙较多的是连横《台湾通史》列传一的记载，而记载最详尽的是江日升的《台湾外记》。作者江日升大约生于清康熙年间，为南明将领之子。《台湾外记》以介于史书和章回小说之间的形式撰写。由于颜思齐的史料稀少，本书虽有小说性质，但内容系江日升之父口传，填补了许多史料未载的空白，故成为研究颜思齐的重要参考资料。

颜思齐从小海边长大，身体雄健，武艺精熟。后颜思齐因遭官宦家欺辱，盛怒之下挥拳打死其家奴，而逃亡日本平户。到达日本时身无分文，他凭借一手裁缝好手艺，在平户做起了生意。当时的漳州丝绸十分有名，颜思齐生意日渐兴隆，丝绸需求也增多，便与许多做月港和日本海上贸易的商人有了交往。数年后颜思齐已成为平户华人的领袖。

不久，颜思齐与李旦、郑芝龙等28位在平户的华人结拜为兄弟，颜被公推为盟主。他们于明天启元年（1621年），因准备在日本起事，被当局发觉，遂率众分乘13条船，从日本平户航行8日夜逃到台湾。在笨港（今台湾云林北港镇）登陆后，往内陆行进，最后决定在笨港附近的颜厝寮（今台湾云林水林乡水北村）一带安营扎寨。颜思齐一方面镇抚少数民族同胞，一方面分派所属去屯垦与狩猎，在今天的云林与嘉义一带建立了"十寨九庄"，每个寨子都兼有军事功能。他们建起城堡，营建村落，发

---

①杨渡：《1624，颜思齐大航海时代》，南方家园出版社，2019年版。

台湾云林水林乡水北村中传说颜思齐时期由
闽南方砖砌成的七角井

展农耕，扩大船队，加强海上经营活动。颜思齐又派人到漳州、
泉州招募船工、农民等来台湾从事海上的贸易和开垦，先后到来
的就有三千多人。这是闽南人第一次有组织的迁徙开拓台湾，颜
思齐因而被连横称为开发台湾的第一人，列为《台湾通史》列传
的第一位。天启五年（1625年），颜思齐带领兄弟到诸罗山打猎，
欢饮大醉，染了伤寒得病数日而死，临终前召集芝龙等人而告
曰："不佞与公等共事二载，本期建立功业，扬中国声名。今壮
志未遂，中道夭折，公等其继起。"颜思齐葬于诸罗三界埔，即
今台湾嘉义水上乡南乡村，其墓犹存，1990年开始，厦门市海沧
区青礁村颜氏宗亲每年都会到台湾，两岸共同祭祀颜思齐。

云林水林乡土厝村中的颜思齐28位结拜弟兄牌位

两岸同祀嘉义水上乡三界埔的颜思齐墓

厦门市海沧区青礁村开台文化公园

云林水林乡水北村"开台第一庄"

第四节　东亚经济全球化的第一人——郑芝龙

郑芝龙（1604—1661年），原名一官，字飞黄，福建泉州南安县石井乡人。郑芝龙18岁时到澳门，在舅舅手下学习买卖，与葡萄牙人多有交往，懂外语，信天主教，受洗礼，教名叫尼古拉斯。后来他辗转来到日本平户，投靠到了平户最大的华人富商李旦门下，跟着他经营海上贸易事业，成为李旦的得力帮手，同时他也结识了平户的华人领袖颜思齐。天启五年（1625年），颜思齐和李旦相继过世，郑芝龙继承了李旦财产，又被兄弟们推举统领其众。郑芝龙坐拥巨大的财富和强劲的人马，与17个闽南海上豪强结拜为"十八芝"，相当于18支武装船队的首领。郑芝龙继颜思齐之后，亦以台湾为大本营，大力发展海上贸易，纵横闽粤，亦盗亦商，福建沿海地区大批民众投奔而来，达到了"聚艇数百，聚徒数万"的规模。

崇祯元年（1628年），郑芝龙接受了福建巡抚熊文灿的招抚，离开了台湾，回到安平故里（今晋江安海）。这一年正逢闽南大旱，"饥殍载道，死亡横野"。当时的巡抚一筹莫展，而刚从台湾归来的郑芝龙却给出了一个办法，招饥民赴台垦荒，所需的费用由他提供。他将闽南饥民三万人，用海船载往台湾垦辟荒土，所有种子、耕牛、农具皆由他一手供应，每个乡亲到台湾就给予一定额度的金钱，全家都来的就给一头牛，然后收其赋税，现今台湾的许多庙宇中还记载着"三金一牛"的传说。连横《台湾通史》卷八《田赋志》记载："值大旱，谋于芝龙，募饥民数万，人给银三两，三人合给一牛。"

这些闽南灾民有组织地移垦台湾，其影响极为深远。他们带去了大陆先进的农耕技术，开垦了大片土地，建窑烧砖，盖起瓦房，建立了村落、集市，运来了各种各样的工业品。开始把台湾

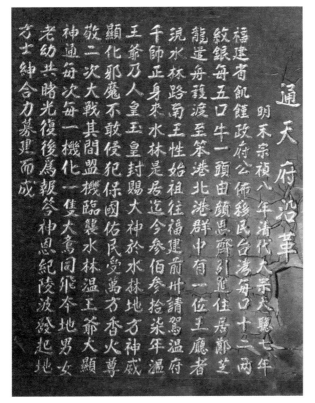

云林水林乡水北村通天府有关"三金一牛"的记载

从刀耕火种的原始社会带进了农业社会。封建地主制也随之带进了台湾，这些灾民被视为佃农，实行租税制，这在当时的台湾应该算是比较先进的、且有利于生产力发展的社会制度。郑芝龙在台湾所管辖的土地面积、居民数量及所拥有的海上军事力量，都超过了荷兰殖民者。这些有组织、相对集中聚居的闽南百姓，很自然地带来了其闽南原乡故土的生活习惯、传说神话、民间信仰、手工技艺、人情风俗，不像先前的零星移民较多地受到少数民族的影响。

　　郑芝龙组织的这次"唐山过台湾"，是一次有组织、有计划的大规模迁徙开发，是中华文化传播台湾的第一个高潮，它标志着零星分散开发台湾时期的结束，也预示着一个新时期的开始。

郑芝龙接受明廷招降，将大本营由台湾北港一带迁往大陆闽南，其势力已经离开了台湾，当时台湾南部被荷兰侵占，北部被西班牙侵占。有不少郑氏旧部及百姓仍留居台湾，有的还当上了荷兰人的通事（如何斌），或村社的长老（如郭怀一及其弟弟），仍然有相当的影响。虽然郑芝龙在 1627 年、1633 年两次击败荷兰东印度公司的船队，不过，当时荷兰人已侵占台湾，并统治了 38 年，直到 1662 年郑成功收复台湾。

荷兰殖民台湾初期，闽南移民较少，而当时少数民族的生产力，尚在原始状态，自给尚感不足，哪有剩余供给荷兰人，更遑论出口盈利了，荷兰人为了通商、粮食及蔗糖的生产，招徕大批汉人进入台湾开垦。1628 年郑芝龙组织闽南人开垦台湾，推动台湾生产力大发展，给荷兰人启示，荷兰人也开始对来台的闽南人或贷以资金，或给以耕牛，然后收其租税，无形中推动台湾成为以汉人为主体的社会。但荷兰人想要与大陆通商的目的一直没有达成。

崇祯十二年（1639 年），荷兰进犯闽浙被郑芝龙击败，从此不敢再窥视。由于郑芝龙降明之后，在短短几年间，将台湾海峡其他几股海盗扫荡兼并，于是"通贩洋货，内外客商，皆用郑氏旗号，无徵无虞；商贾有二十倍之利"。与此同时，荷兰人几次被郑芝龙杀得大败亏输，迫使荷兰人向他纳税领取海上经商的牌照。郑芝龙对东亚海商实行领取郑氏令旗、每舶缴 2000 金的制度，郑氏令旗是在郑氏武装舰队的保护下自由航行的通行证。海峡两岸的商贸往来也因此有了空前的发展。窃据台湾的荷属东印度公司，以经济利益为重，在先后建造的热兰遮城（今台南安平古堡）及普罗民遮城（今台南赤崁楼）中设置商馆，奖励大陆商人前往。大陆的丝绸、糖等货物源源不断输往台湾，再转而出口，台湾的鹿皮、鹿脯则运抵大陆。在这样的经贸背景下，荷兰人即使想阻挡汉文化对台的传播，也是根本不可能的。

据荷兰人庞德古《巴达维亚城日记》的记述，在荷兰殖民台湾之前，汉人已三五成群错居"番社"。且"番人"已惯操汉语，而汉人亦多娶"番妇"为妻。当时，闽南话在岛上已十分流行，以至今日见到的许多荷兰文献中，台湾的地名、人名、货物名等，多以闽南话拼写而成，如鹿耳门（Lacjemuy）、笨港（Ponkan）、淡水（Tamsui）、郭怀一（Faet，怀一）、郑成功（Koxinga，国姓爷）等。江日升的《台湾外记》描述当时台湾的元宵夜，热兰遮城一带"大张花灯、烟火、竹马戏、彩星歌妓"，这种景象完全与闽南上元夜一样。可见闽南民俗在荷兰殖民台湾时期已盛行于台湾。1660 年到达台湾的荷军头目阿布列特·赫波特在他的《旅行记》中所记载的当时台湾人的衣着、服饰、婚姻、性情、食物、墓葬等，无不是保留汉民族的习俗。

连横的《台湾古迹志》载："台南庙宇之最古者，以小南天为第一，在番薯崎上，祀福德之神，为荷兰时华人所建。"陈文达《台湾县志》载："在广储东里，大道公庙，红毛时建。""大道公"即保生大帝，本名吴本，是同安县白礁人，因行医济世，乡人感戴，创祠祀之。明末，台湾初辟，因而也在台湾建大道公庙。此庙至今犹存，在台南市新化区洋仔港，被誉为"开台大道公"。其后殿的石雕观音像，为明万历年间雕刻。以上种种，足证荷兰殖民台湾时期，汉文化早已在台湾深深扎下了根，并顽强地在异族统治下表现和扩展自己。

虽然荷兰人鼓励大陆商人与其贸易，却严禁大陆商人与少数民族直接交易，如被发现，就处以极刑。荷兰人随意命令汉人放弃已经垦殖的土地，迁往别处，也不准渔民在深海中捕鱼。荷兰人苛捐重税、滥罚无辜、草菅人命，还要强迫汉人改信天主教，不从者，就不能娶"番女"为妻，已结婚的，也要强迫离异。早

台南最早土地公庙——小南天

在崇祯年间，台湾就已经有大量的汉人移民，但是这些人自始至终被荷兰人所奴役且赋税繁重。南明永历六年（1652 年），泉州同安人郭怀一是当时在台汉人的领袖，他预谋驱逐荷兰人，但举事前事迹败露。郭对义军说："诸君为红毛所虐，不久皆相率而死。然死等耳，计不如一战。战而胜，台湾我有也。否则亦一死。唯诸君图之。"但是最后郭军大败，义军死者约 4000 人，还有数千无辜百姓被杀，史称"郭怀一事件"。在荷兰人残酷的殖民镇压下，起义虽然失败了，但中华民族舍生取义、不畏强暴、反抗侵略的爱国爱乡精神，却永远在台湾扎下了根，成为台湾文化最为光彩夺人的核心要素。为纪念这位先贤，2010 年于台南市永康区的永康科技工业区内设立了"郭怀一纪念公园"。

第五节　开台王郑成功

郑成功在兵力极盛时期，对台湾的荷兰殖民者造成极大的威胁，郑成功前期专注于北伐中原，但是兵败后有了收复台湾的想法。荷兰人因此更确定郑成功会发兵台湾，导致荷兰人动辄怀疑汉人的富有人家为郑成功的内应，因此就囚禁或杀了这些汉人，台湾汉人无不痛恨。荷兰殖民者的残暴，在相当程度上限制了汉文化在台湾的传播，但这只是历史的一个小插曲。

南明永历十五年（1661 年），郑成功困守金厦两岛而议取台湾时，逢荷兰人的通事、郑氏旧部何斌因故逃至厦门，献上台湾地形图且劝郑收复台湾。郑用其计，当年就率兵二万五千至澎湖固守以为候用，接着郑成功的舰队至鹿耳门登陆攻克了赤崁城，

热兰遮城（今安平古堡）仅存的古城墙

荷兰人退守热兰遮城。郑成功以书告诉荷兰人："然台湾者，中国之土地也，久为贵国所踞。今余既来索，则地当归我。"郑成功经过一番奋战，打败荷兰的援军，荷兰人最终投降。从天启四年（1624年）到永历十五年（1661年），荷兰侵占台湾共38年，至此被郑成功所驱逐，台湾终于回归祖国的怀抱。郑成功率兵收复台湾，掀起了汉文化传播台湾的第二次高潮。郑氏父子经营台湾23年，将汉文化全面地、大规模地传播至台湾，从此奠定了台湾文化的总体格局。

今安平古堡

在这期间，大批有组织的军民迁台拓垦。关于郑氏父子带往台湾的军队人数，及当时台湾人口，史家各有说法，但多赞成郑氏时期，迁往台湾的大陆移民，主要有四部分：

一是郑氏军队，郑成功1661年复台时带去大部分，1664年郑经又带去了一部分；

热兰遮城的郑成功像

二是 1661 年冬，清政府为了断绝郑氏海上接济，下命"山东、江、浙、闽、广滨海人民，尽迁入内地，立边界、设防守、严稽查、片板不许下海、粒货不许越疆"。清政府更将滨海三十里庐舍、田园，尽皆焚毁，令沿海百姓倾家荡产，颠沛流离。郑成功于是招沿海居民不愿内迁者东渡台湾；

三是曾数次迁移驻台将士的眷属；

四是将罪犯降房迁往台湾拓垦。洪承畴的侄子和清翰林杨明琅的眷属，共百余人，被郑经迁到台湾的鸡笼、淡水。

这四部分，连同原有的汉人，依据连横在《台湾通史》卷七《户役志》记载，"是台湾之民，此时已近二十万"，超过了当地少数民族的人数。加上郑氏在台湾的统治地位，这样就使汉文化成为台湾岛上的强势文化、主导文化。

为了能长期立足台湾，郑氏政权对台湾的土地开发十分重视。郑成功在 1661 年收复台湾期间，就下令左先锋等十一个镇分别派到南北各路屯垦开荒，起盖房屋，开辟田地，永为世业。后颁布开垦条例，当时郑成功手下的将士们，拓垦耕种，同时又将荷兰殖民时代的"王田"改为"官田"。于是台湾中南部地区，便有了类似柳营、左营、下营、官田、前卫、后卫这样的地名，都是当时屯兵寓农的地点和历史记忆。荷兰殖民者投降后，郑成功进一步采取"寓兵于农"之法，除留勇卫、侍卫、两旅担任防务外，其余各镇，按镇分地，按地开垦，江日升的《台湾外记》提道："农隙则训以武事，有警则荷戈以战，无警则负耒以耕。"

那时候，台湾土地新辟，瘴疠流行，病者十之七八，死者甚众，有一说法台湾之名由来为闽南话"埋冤"一词，后因其名不祥改为台湾，这说明了开荒工作艰巨异常。郑氏治台 23 年，垦殖一直是其首要事务，因而进展很快。以台南为中心，向南、北两路拓展，南至高雄、屏东，北沿嘉义、云林、南投、彰化、台中、新竹、桃园直达台北、基隆。如果说此前汉族的拓垦点只是零星分布，那么在这一时期，以台南为中心，垦拓区域在南北两路呈点片状分布，并相连成一线。当时因屯垦政策的实行，使得中华文化已传播于台湾的西海岸。

与此同时，台湾的制糖、制盐、烧瓦、建筑、造船、冶铁等手工业也有了一定程度的发展。《台湾外记》记载郑氏军队"插蔗煮糖，广备兴贩。教匠取土烧瓦，往山伐木斩竹，起盖庐舍，与民休息。以煎盐苦涩难堪，就濑口地方，修筑丘埕，泼海水为卤，暴晒作盐，上可裕课，下资民食"。连横《台湾通史》卷二《建国记》记载，"永华亲视南北，镇抚诸番，劝各镇垦田，植蔗熬糖，煮海为盐，以兴贸易。而岁又大熟，民用殷富"。除此之外，并派刘国轩出征今台中一带的番社。今南投国姓乡之名即由来于此役。值得一提的是，明靖宁王朱术桂①来台屯垦今高雄路竹区一带数十甲地，屯田遗迹今尚且留存②。而郑氏也修筑水利工程，以利耕作，据旧志所载，所修陂、圳就有17处之多。

在这些垦区，自然地传入了闽南民间的艺术、信仰、民俗。据《扫平海氛记》的记述，"何斌家中造下两座戏台，又使人入内地，买二班官音戏童"。这足证民间的戏曲艺术迟至此时已传入台湾。而台湾在郑氏时期，已相当盛行大陆民间信仰。据康熙《台湾县志》记载，郑氏时所建的佛寺有四所，关帝庙七所，真武玄天上帝庙七所。康熙年最早的《台湾府志》更详细记载了当时台湾的民俗以及寺庙。书中所罗列的民间习俗，与漳泉大抵上是相同的。值得注意的是，其中所记载中秋节的"博饼"习俗，传说为郑成功的将军为解将士思乡之情所发明的一种中秋节娱乐活动，至今仍然留存于金、厦两地。

除了当时信众最多的玄天上帝庙、关圣帝君庙外，祀奉观音的佛寺，祀奉福德正神的土地祠，祀奉城隍爷的城隍庙，祀奉保生大帝的大帝宫，也在这一时期纷纷建立。这么多庙宇，每逢神诞节庆，便要搭台唱戏，娱神娱人。庙会中，自然少不了各种小吃及诸如捏面人之类的小手工艺，而舞龙舞狮等各种阵头更是必不可少。

此前传播台湾的主要是中华文化中的经济文化和生活文化，

---

①朱术桂（1617—1683年），字天球，号一元子，明朝宗室、郡王。清康熙二十二年（1683年）施琅攻下澎湖之后，朱术桂决心殉国，分其田赏佃人，舍寝宫与一元子园捐为佛寺，随侍在侧的五妃相继自缢于中堂。朱术桂亲自殡殓后，将五妃之灵柩安葬于南门城外魁斗山后（今台南五妃庙址）。明宁靖王墓所在地位于今高雄湖内区湖内里境内，为"第三级古迹"。

②连横《台湾通史》卷八《田赋志》：永华善治国，分诸镇土地，复行屯田之制。于是辟地日广，远及半线。二十四年，右武卫刘国轩伐大肚番，追之至北港溪，驻军以戍；则今之国姓庄也。宁靖王术桂入台后，以竹、沪一带，土厚泉甘，垦田百数十甲，岁入颇丰，有余则散之故旧，不需汤沐之奉。而诸镇屯田至今尚留其迹。此则郑氏富强之基也。

在这一时期，则开始了中华文化中的学术、教育等思想文化的传播。南明永历二十年（1666年）正月，台湾第一座孔庙在今台南市落成。大成殿奉祀孔子、四配、十二哲，左右两侧有礼门、义路以及大成坊与泮宫坊，旁设明伦堂。郑经率文武僚属行释菜之礼，泮宫边观者数千人。接着又命各村庄设学校，凡八岁孩童入小学，课以经史文章。"天兴、万年二州，三年一试，州试有名者移府，府试有名者移院，各试策论，取进者入太学。三年大试。拔其尤者，补六科内都事。"连横《台湾通史》记载，"以永华为学院，叶亨为国子助教，教之、养之。台人自是始奋学"。

教育的关键当然不仅在体制的设立，还在于师资。郑氏手下人员中，多孤臣宿儒，饱学之士。最著名的有沈光文，字文开，号斯庵，浙江鄞县人。他原为明末桂王的太仆寺少卿，南明永历六年（1652年）因台风流寓台湾。先为郑成功所赏识，后因得罪郑经，换僧服上山隐居。他曾在目加溜湾（今台南安定区）教当地人读书，同时也以他的医学知识救济病患。沈光文在台30年，著有《台湾赋》《东海赋》等诗词集，抒发了其内心的忧国忧民之情，后世皆称其为开台湾文教风气之先的人。

在郑氏时期，像沈光文这样深入民间教习子弟，启迪民智，传播文化的知识分子不在少数。连横曾提道："明季诸臣，怀中蹈义，崎岖海上，克台之后，奉冠裳而渡鹿耳者，盖八百余人。"这八百余人，大多已姓氏不留，见之记载的有陈永华、叶亨、徐孚远、沈佺期、辜朝荐、纪许国、陈元图等。这些人留下了许多描写台湾风土及抒发当时台湾军民情怀的诗文，写下了台湾第一批文学作品。这些忠心耿耿的知识分子，为中华文化在台湾的传播所建立的功勋，是难以估量的。今台南孔庙对面街巷中有永华宫，侍奉主持修建台湾第一座孔庙的陈永华。

在郑氏推动的第二次文化传播高潮中，极重要的是首次在台湾建立了完整的行政体系。郑成功复台后，定台南赤崁为东都明京，建立了仿照明制的"六官"皆备的政权。设一府二县，府为承天府，辖天兴、万年二县，天兴管北路，万年管南路，分别设官置守。郑经在厦金失守之后，转为更专心经营台湾，并且委政给陈永华治理，升天兴、万年二县为州，在府规划四坊署理民事，设置三十四里，各置乡长行乡治制度，又设南北路及澎湖安抚司各一，并改东都为东宁，这种完备的行政体系是中国大一统文化的一种深刻的反映，对台湾的影响自然也是极为深刻的。

当然，在这一时期，最主要的是中华文化的核心要素，即传统价值观念在台湾的确立。郑氏建孔庙，倡儒学，不仅教读识字，更把中华传统文化的核心儒家精神，灌输到台湾民众之中。朱熹的一生大多是在福建度过，并且在闽南同安县当过数年主簿，因而程朱理学对闽南、台湾的影响非常深刻，闽台两地的孔庙，都要建朱子祠。郑氏军民虽来自大陆各省，但仍以闽南子弟居多，原本就在潜移默化中崇奉儒学，以"先王之道"和"圣人古训"作为价值判断的尺度，而今迁徙台湾，自然将这一套思想带进台湾。披荆斩棘，开疆拓土的艰辛，则养成这些军民勤劳、坚忍的品格。对荷兰人的侵略行径，则激起了他们爱国爱乡、不畏强暴的情感。慎终追远、舍生取义、爱国爱乡、不畏强暴、勤劳坚忍等品质，就成为台湾文化中最为璀璨的核心要素。

总之，经过郑氏23年的经营，汉文化已成为台湾的主导文化。不过，郑氏最盛之时所开发之地毕竟有限。加之外有清廷的压力，内有多次的叛离，难以更多顾及文化传播。尤其到郑氏末年，财政困难，税捐繁多，民怨四起；而另一方面，清政府的海禁政策也使两岸的往来几近断绝，失却了大陆母文化的滋养，使得中华文化传播台湾的最初高潮的势头逐渐低落。

第二章　清代的台湾社会

　　清康熙二十二年（1683年），施琅率水师于澎湖大败郑氏主将刘国轩，郑氏大势已去，具表归顺清廷，台湾归入清版图，实现了国家的统一。在施琅上疏力争下，康熙决定将台湾隶福建省，设一府三县，即台湾府、台湾县、凤山县、诸罗县。从此结束了两岸隔绝的状态，来往官员、商人、平民日多，台湾与大陆母文化的交流逐渐畅通，开始了中华文化全面传播台湾的新的历史时期。

第一节　渡台禁令与闽南人迁徙台湾

　　一开始由于清廷认为"台湾乃海外孤悬之地，易为奸宄逋逃之薮，故不宜广辟土地以聚民"，因而对台湾的开发设置了重重障碍。首先将数万郑氏文武官员丁卒及大量居民遣送回大陆，当时台湾人口由于上述人员还籍而减少"近有其半"。虽然同时亦有万余兵卒及官员入台，但入不抵出，致一时台湾人口锐减。初期颁布的《台湾编查流寓六部处分则例》，规定台湾"流寓"之民，凡无妻室产业者，即逐回大陆；有妻室产业愿继续住在台湾者，申报台厦道稽查，仍报明督、抚存案。之后为严禁私渡，采施琅的意见公布规定渡台三禁令：

一、欲渡船台湾者，先给原籍地方照单，经分巡台厦兵备道稽查，依台湾海防同知审验批准；潜渡者严处。

二、渡台者不准携带家眷；业经渡台者，亦不得招致。

三、粤地屡为海盗渊薮，以积习未脱，禁其民渡台。

这一严禁私渡和禁止携眷入台政策，虽也有过些调整，但禁而又驰，驰而又禁，直至清末光绪元年（1875年）才正式宣布废止。这对于人民移垦台湾，开发台湾产生相当大的影响。不过，清政府不断的禁令也说明人民私渡赴台始终不停。清廷有关规定的重申以及地方官员的奏请增多之时，往往就是私渡现象特别严重之期。十九世纪中叶，欧洲列强入侵中国后，台湾的重要性被突显出来。1875年，沈葆桢受命出任钦差大臣，办理台湾海防兼理各国事务，经考察后认为必须解除过去限制汉人的渡台禁令以落实"开山抚番"政策，否则台湾之土地将无法充分开发[1]；同年二月，沈葆桢上奏请求解除关于台湾之各种禁令，并获得朝廷准许，此时台湾西部的平原地区已大多开发，人口到达了250万之多。

大陆人民渡台必须经由官方核准，且禁止潮州、惠州等地方的广东汉人（大部分为客家人）来台，原因是当时认为惠、潮之地，"数为海盗渊薮，而积习未忘"。另外福建的客家人居住于山区，所以来台也较迟。清初渡台禁令第二条造成台湾人口之男女比例一度失衡。

一些独自一人来台湾的未婚男子，没有家庭顾虑及约束，亦

---

[1]《台湾通史》卷十二载，钦差大臣沈葆桢视台，开山抚番，奏请解禁，而垦务乃日进矣。卷十三载，牡丹之役既平，钦差大臣沈葆桢奏请开山抚番。意指自1874年牡丹社事件之后，积极开发台湾后山（包括今中部山区、东部的花莲县与台东县，以及屏东枋寮以南的地区）和招抚少数民族的政策，由台湾海防钦差大臣沈葆桢开始，台湾巡抚刘铭传延续其政策。

无田产住屋，"无某（妻）无猴"，"有路无厝"，索性在外游荡到夜晚，庙里十八罗汉脚下常有这些单身汉睡卧着，所以人们便管游手好闲的单身汉叫"罗汉脚"（后台湾以之称呼单身男性）[①]，还因此有台湾俗谚"乞丐伴罗汉""红柿出树头，罗汉脚目屎（眼泪）流"等形容这些底层移民。罗汉脚孤身一人举目无亲，死后更无后人送终，往往尸骨无人理会，最后由民间善士为之收尸立庙祭祀，这就是台湾"有应公庙"的由来。罗汉脚为当时社会不安定之源头。

这一时期的移民，虽不是官方有组织大规模的迁徙，但也不是零星分散的状态。其是大规模自发的渡台行动，而且持续200多年未曾停止，这使台湾人口从康熙二十三年（1684年）的数万人增加到光绪十九年（1893年）的近300万人。迁徙的高潮在乾隆四十七年（1782年）至嘉庆十六年（1811年）间，三十年里台湾人口增加近99万，其中有66万为移民，平均每年有2万多人。大规模迁徙使台湾土地得以大量开发，同时也推动中华文化传播台湾的新高潮。

如果说郑氏时期的开发，还是仅局限南北两路一线做点片相间的开发，那么，这时就是成片的全面开拓。从康熙年间至雍正年间，不过四五十年，广阔而肥沃的北部平原和南部下淡水溪流域（今高屏溪）大部分已获得开发；到乾隆年间，逐渐扩展至丘陵地带或肥力较差、交通不便的土地；嘉庆以后，主要开拓东部噶玛兰平原、花莲港流域和中部埔里社盆地等地区；而至同治、光绪年间则已着手"开山抚番"，深入高山族地区。除少数深山、海岛，台湾全岛已皆为"良田美宅"，"大小村落星罗棋布"。汉

---

①《噶玛兰厅志》卷二：台湾一种无田宅无妻子、不士不农、不工不贾、不负戴道路，俗指谓罗汉脚；嫖赌摸窃，械斗树旗，靡所不为。曷言乎罗汉脚也？谓其单身游食四方，随处结党；且衫裤不全，赤脚终生也。大市不下数百人，小市村不下数十人，台湾之难治在此。

文化也因此传播至台湾的每一个角落，成为占绝对优势的主导文化。在大批移民到来，土地全面拓垦的基础上，台湾社会经济获得了高度的发展。最主要的稻米生产，至康熙末就"不唯已敷本地民食；且有剩余，可济运内地或输出外国"。而到清代末年，台湾全省稻田 20 余万甲，年产米 150 万石。植蔗制糖，也日益兴盛，除产乌、白糖外，并精制冰糖。所有糖产，除远销大陆，还输往日本、南洋各地。其他如茶叶、樟脑，也是产量日增，成为台湾大宗出口商品。

第二节　闽南人迁徙台湾的高潮

康熙二十三年（1684 年），清廷统一台湾后，运用特许航线的规划，让台湾的发展依附于福建，即"对渡"政策，闽台进行对渡的口岸，又称"正口"。乾隆四十八年（1783 年）以前，闽台的对渡口岸有二，即福建的厦门与台南的鹿耳门。乾隆四十九年（1784 年）和乾隆五十三年（1788 年），鉴于台湾台中、北部土地已得到开发，先后开放泉州蚶江与彰化鹿港对渡，福州五虎门与台北八里坌对渡。至此，台闽共有六个对渡口岸。嘉庆十五年（1810 年），清廷下令，闽台六处正口可自由通航，不拘对渡。因此，从厦门可对渡鹿港、八里坌，其他五个港口也可以互相通航。道光六年（1826 年），清廷在台湾开放第七与第八个正口，彰化的海丰港、宜兰的乌石港。在对渡政策下，除非从事私渡与走私，否则船只都要照规定航行。由于对渡口岸的规定，清廷才能在正口强制船只执行"台运"①。在清代，台湾人标榜合法输入的货物是"正港的"，有最高档次货色之意，久而久之，这个词便有了如假包换、货真价实的意思。

---

①此为清代在台湾依比例配运米谷至福建、广东的制度，原因为福建地区山多田少，台湾则田多生产力高，所以福建、广东地区全赖台湾多余米粮的补充。

咸丰八年（1858年），《天津条约》签订，外国轮船可在安平、打狗、淡水、基隆入港贸易，使得台湾航运的主力，逐渐从帆船转移到轮船。轮船航线的开辟，使得以往透过对渡将航运局限在闽台的做法，显得毫无意义。同治十三年（1874年）牡丹社事件后，在钦差大臣沈葆桢的上疏建议下，清廷废除实施近两百年的对渡政策。

在当时，私渡现象依旧存在，乃由于闽南、粤东沿海，"田少山多，人稠地狭"，而台湾地广人稀，土地肥沃，"一岁所获，数倍中土"。因而这些地方"无产业家室者，俱冒险而来"，"流者归之如市"。所以闽南人迁徙台湾并不因禁令而中断，漳、泉二州的移民照常接踵而来，广东客家的移民也随之而至。当时台湾土地亟待开发，对私渡入台之民，无疑是块充满机会的土地。这样，无论什么严刑峻法、稽查缉捕、私渡中的危险，都挡不住渡台的潮流，清政府的禁令不过一纸空文。

连横《台湾通史》卷十三《军备志》记载，"台地口禁虽严，而港汊纷歧，自鹿耳门、鹿港、八里坌三正口外，南路则打鼓港、东港、大港、喜树仔，北路则笨港、五条港、大甲、吞霄、后垄、中港、大安、乌石港，其他私辟港口，不可胜纪"。这显示了台湾沿海港口多，私渡贸易盛行的情况。这些移民在"台湾钱淹脚目""台湾好讨赚"的观念驱使下，只好买通"船头"私渡来台。这些私渡者搭乘简陋船只横渡台湾海峡，冒着倾覆的危险，不计生死、前仆后继地来到台湾，留下了"十去，六死，三留，一回头"及"唐山过台湾，心肝结归丸"等俗语。乾隆七年（1742年）的一则诏书，显示了当时私渡至台的状况：

"台湾地隔重洋，一方孤寄，实为数省藩篱，最为紧要，虽素称产米之区，迩来生齿倍繁，土不加辟，偶因雨泽愆期，米价即便昂贵。盖缘拨运四府及各营兵饷之外，内地采买既多，并商船所带，每年不下四五十万；又南北各港来台小船，巧借失风名色，私装米谷，透越内地。彼处概给失风船照，奸民恃为护符，运载遂无底止。且游手之徒，乘机偷渡来台，莫可究诘。闻此项人等，俱从厦门所辖之曾厝垵、白石头、大担、南山边、刘五店及金门所辖之料罗、金龙尾、安海、东石等处小口下船。一经放洋，不由鹿耳门入口，任风所之。但得片土，即将人口登岸，其船远棹而去。愚民多受其害。况台湾惟借鹿耳门为门户，稽查出入，今任游匪潜行往来，海道便熟，将鹿耳一门亦难恃其险要，殊非慎重海疆之意。朕所闻如此，着该督抚严饬所属文武官弁，将以上各弊一一留心清查，并于汛口防范周密，不使稍有疏纵。庶民番不至缺食，港路亦可肃清。该部可传谕知之。"

但是私渡必须担负的风险极大，例如广东碣石总兵苏明良在雍正三年（1725 年）之奏折中所奏之例，此次在广东碣石附近的海岸遭难的 129 名男女，发现均为福建南部同安等各县人民，他们受客头王彩等引介，准备私渡过台，由厦门烈屿出港。不幸于澎湖海面遭风，漂流至广东①。

"有膨仔船一只，遭风失去桅舵，飘至臣属青山仔后江湾地方撞岸。被风浪击碎并无货物，止有男妇一百二十九名口。……讯问口供据偷渡民人叶嚣、陈爱等供称：嚣等系福建同安、诏安、龙溪各县人民，因客头王彩，即船户陈荣，并算命的黄千，卜卦的黄喜，招引客等偷渡过台，其水脚银二两、三两不等。约于八月十二日在福建厦门烈屿开船、众人陆续乘坐小船在于大担、帽仔口、白石头、湖下等处出口上船，除船户陈策、水手罗从、杨三、廖禄、何赐五名，嚣等男妇总共一百二十四名口，不

---

①松浦章：《清代台湾海运发展史》，博扬文化事业有限公司，2008 年版。

幸于十三日驶至澎湖口，遇风失去桅舵，飘流至此，幸得登岸
等情。"

其实，私渡的移民数量比正口的移民数量更多，例如自乾隆
二十五年（1760年）至二十六年（1761年）五月一年之间，被
许可由厦门配船过台的人民"共四十八户，计男妇大小共二百七
十七名口"。相较之下，前年度官方破获的私渡案例，据乾隆二
十五年之吏部移会，引福建巡抚吴世功奏诏云，"计至乾隆二十
三年十二月起至二十四年十月止，一载之中，共盘获偷渡民人二
十五案，老幼男妇九百九十九名口，内溺毙男妇三十四名口。"
一年之中，破获私渡之人数近千，比官方许可的移民数多了近四
倍，而未破获之数量更多于此[①]，由此可知，福建来台的移民绝
大多数是未经过许可的。

第三节　"一府二鹿三艋舺"与台湾各地的开发

大陆沿海移民自明朝中叶以后跨海来台，一路从台南府城
（今台南市中西区与安平区）、鹿港（今彰化县鹿港镇）到艋舺
（今台北市万华区），由南向北发展，这三个地方也是台湾清代最
早开放的三大港市，因此产生一句俗谚"一府二鹿三艋舺"，这
三个地方凭借着航运的便利，成为当时最重要的交通中心和经济
重镇。

一、　鹿耳门

清代在台湾设置一府三县，府城设在台湾县（今台南），在
外沙洲的鹿耳门是清初唯一正口，而贸易活动主要还是在台湾府
城（今台南市）进行。府城以全台政治经济中心的地位，成为最

---

①松浦章：《清代台湾海运发展史》，博扬文化事业有限公司，2008年版。

大的城市，不但最早出现"郊"，市街也最为繁荣，不仅郊数多，人口也多，府城一直到清末才趋于没落。乾隆年间先后成立了商业公会组织，以安平港与台江为经商根据地的三郊商为最早，分别为北郊苏万利［乾隆三十年（1765 年）］，南郊金永顺［乾隆三十七年（1772 年）］，以及糖郊李胜兴［乾隆四十五年（1780 年）］，府城三郊又称为台南三郊，其总部设于南河港上的台南水仙宫右边，称为"三益堂"，今台南水仙宫的出巡用旗，其上仍写着"台郡三郊三益堂"的名号。

台南水仙宫

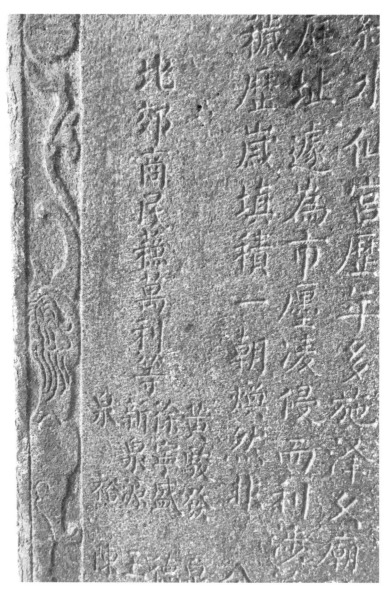

台南水仙宫石碑上北郊商苏万利等三郊捐资记载

二、　鹿港

　　继鹿耳门与厦门正口对渡后，清廷于乾隆四十九年（1784年），开放福建泉州府晋江县蚶江口与台湾府彰化县鹿仔港对渡，从此鹿港成为台湾中部最大的吞吐口，往来商船云集，郊商、行纷纷成立，到日本殖民统治时代末期，鹿港港口已经淤塞，连小船也无法驶入，因而没落。鹿港在嘉庆二十一年（1816年）以前已经有八郊：泉郊金长顺、厦郊金振顺、簝郊金长兴、油郊金洪福、糖郊金永兴、布郊金振万、染郊金合顺、南郊金进益等。乾隆末年至道光初年，其市镇规模扩展迅速，是鹿港的黄金时代，也奠定其为中部首要城市的地位。鹿港是台湾离大陆最近的港口，拥有台湾唯一官方兴建和祭拜的鹿港敕建天后宫。在《彰化县志》卷一《封域志》邑中八景之"鹿港飞帆"写道，"鹿仔港，

台湾彰化鹿港的泉郊会馆

烟火万象，舟车辐辏，为北路一大市镇，西望重洋，风帆争飞，万幅在目，波澜壮阔，接天无际，真巨观也"，这显示了鹿港为中部第一大城市的地位，以及当时贸易的繁盛。《台湾省通志·经济志商业篇》记载，"清朝商业行郊以台南为始，以鹿港为最"。当时鹿港的陆路贸易涵盖了彰化、台中、南投等地，海路贸易更是包括了大陆沿海港口，所以鹿港有句谚语"顶到通霄（苗栗），下到琅峤（恒春）"，反映了鹿港郊行的发达。

三、 艋舺

台湾北部城市的发展则较为曲折。乾隆初年，八里坌为台北盆地唯一市街，是商业、军事、政治中心。乾隆中叶以降，台北盆地的开发逐渐往南发展，雍正十一年（1733 年）龟仑岭山道开通，位于开发中心的新庄交通地位日益重要，成为台北盆地行政与商业中心。嘉庆年间以降，位于大料崁溪（今大汉溪）、新店溪以及淡水河交汇处的艋舺，因与台北盆地各村庄交通往来便利，可通达大小聚落（如淡水、松山、景美、新店、新庄、板桥等地），且淡水河水量充沛，货船可直航到沿岸市区，港口条件比新庄好，逐渐取代新庄而兴盛，也因为北台湾的开发而物产丰富、人口增加，艋舺便因此而兴起。嘉庆十四年（1809 年），设艋舺游击，并一度拟迁新庄县丞于此。嘉庆十八年（1813 年），艋舺出现泉厦郊，道光元年（1821 年），有"居民铺户四五千家"，"商船聚集、阛阓最盛"，淡水厅同知每半年到此办理公务。嘉庆中叶以后，艋舺逐渐成为北台湾的政治、经济、军事中心。后因械斗及河流改道，商业中心慢慢北移大稻埕，后又因河道淤积，清末至日本殖民统治初期为沪尾（今淡水）所取代，台湾光复后沪尾又被基隆所取代。

清初台湾的土地形态大致可以分成"无主地"以及少数民族所属的"番地"两种。"无主地"的地权属官方所有。人民想要开垦，若不是通过通事向拥有土地的平埔族群租地耕种，便是大家合力出钱，推举一人为"垦首"，按一定的程序向官府申请。官府核准后发给垦照或垦单，得到垦照或垦单的申请人称为垦主。垦主如果能在规定的三到六年之内期间内开垦成功，向政府纳税，则可取得土地所有权，成为业户或业主。清廷为避免汉人与少数民族冲突，因此对于高山族的土地，采行严禁汉人入山开垦的政策。今日台湾的重要纵贯线道路之一的"台三线"，几乎等同于清朝时代的"汉番分界线"，台三线所经过的乡镇，有不少地名（例如十寮、八寮、锡隘等），都反映出屯垦的色彩。至于平埔族群的土地，清廷初期亦禁止汉人向其承租土地，但因汉人私自承垦少数民族土地者太多，禁不胜禁，清廷索性开放给汉人承租拓垦。由于开垦初期垦地广大，大部分土地都必须由百姓合力开垦，因而有类似开垦公司的"垦号"产生。

现存最早的垦照纪录为康熙四十八年（1709年），陈赖章垦户请垦"东至雷厘、秀朗（约当今永和、中和）、西至八里坌（今八里）、干脰（今关渡）外、南至兴直山脚下（今林口台地东缘）、北至大浪泵沟（今圆山基隆河旧河道附近）"，《台湾通史》记载"康熙四十七年，泉州人陈赖章与熟番约，往垦大佳腊之野，是为开辟台北之始"。这是指陈天章、陈逢春、赖永和、陈宪伯、戴天枢等人共同以"陈赖章"为公号申请入垦台北大佳腊地区，请垦的范围涵盖了台北盆地的大部分。之后陈天章等人分别又拓垦今八里与士林平原一带，大台北地区均在陈天章等人的垦号拓垦范围内，堪称十八世纪初台北最大规模的拓垦工作，此后大陆来台湾的垦民络绎不绝。

早年台湾北部为一蛮烟瘴疠之地，环境十分险恶，汉人前来垦殖时为求神佑，多携带家乡庙宇香火以为庇护，后因汉人聚落渐增，三邑（泉州府晋江、惠安、南安三县）人士遂于清乾隆三年（1738年）合资兴建今天台湾北部著名的寺庙龙山寺，并迎请福建省晋江县安海龙山寺观世音菩萨分灵来台，家乡分灵庙宇的建成代表移民的数量已经达到一定规模，这不止将闽南的信仰文化带到了台湾，闽南的各种文化也同时传入，因为瘴疠之气加上医药资源缺乏让这些移民饱受病痛之苦，于是这些闽南移民便将家乡的青草药医病习俗带到了台湾。当时在万华龙山寺中可求药签，当地有小贩在周边卖青草药提供给求签的人购买，因而形成一条青草药专卖的市街，当时的人俗称这条街为"救命街"，如今，龙山寺旁仍有一条"青草药特色巷"，不到五十米的巷子内有四家超过百年的青草药店，在周边还有一条超过百米的市街专卖各类青草药。

台北万华龙山寺

客家人较之闽南人，大规模渡台开垦的时间更晚，来台时，优渥的平原地区已经被漳泉移民所占，所以客家人就只能在一些半山地或是丘陵地开垦。道光十四年（1834 年），姜秀銮及周邦正等人，向闽粤两籍富绅募款，组成"金广福垦号"，以开拓竹堑东南山区的土地。"金广福"其名称，"金"是指合伙或吉利之意，"广"是指广东，"福"是指福建。金广福垦号成立后，姜秀

龙山寺旁的特色街道青草巷

銮率领闽粤佃农数百人，从树杞林（竹东）前进北埔，在北埔、峨眉、宝山等地新设36处隘寮，这里也是招收垦佃及征收隘租的中心，被称为"金广福公馆"。金广福公馆现为桃竹苗地区唯一的"一级古迹"。

台湾东部地区开发的时间更晚，吴沙（1731—1798年）为福建漳浦人，于乾隆三十八年（1773年），率漳、泉、粤三籍汉人乡勇自乌石港入垦兰阳，在港口南方筑土城头围（今宜兰头城）作为移垦根据地，初与当地平埔族群的噶玛兰人常起争端，次年天花为患，吴沙以药救助，噶玛兰人感激之余，得以继续开垦工作，吴沙开发建设台湾宜兰功绩极大，被誉为"开兰始祖""三貂之父"。头城镇因感念吴沙开兰成功而造寺庙"开诚寺"，寺的左殿专设吴沙祠堂。嘉庆十五年（1810年），海盗蔡牵想在乌石港建立据点，结果被当地居民合力击退，这使清廷警觉到宜兰的重要性，而决定在当地设置噶玛兰厅，厅治设于五围（今宜兰县宜兰市），统辖整个宜兰地区。

第四节 闽南移民在台湾的农业、经济状况

在清代台湾所种植的作物，以水稻和甘蔗为主，水稻需要大量的水分灌溉，甘蔗所需水分虽然较少，但也不可或缺，因此水源的获得便成为土地开垦的首要课题。清代早期台湾尚属地广人稀，移民来到台湾后，可以选择方便灌溉的水源附近土地开垦，并利用龙骨踏车，引取池潭的水灌溉。除此之外，亦有在低洼地方筑土堤，接引储备雨水以供干旱时期使用，这类简易的水利工程称之为"埤"或"陂"，如今台湾仍可见到"四汴头""后山埤""天送埤"等地名。但随着开垦土地面积不断扩大，埤的水往往也不敷使用，因而需要兴筑更大规模的水圳。由于水圳的兴筑工程费用庞大，难度也较高，因此往往采用多人出资合股的方式进行。水圳一旦兴建完成后，所收到的利润也是非常丰厚，一些较泉州人晚到台开垦的漳州人，因为好的土地所剩不多，就转为兴筑并经营大规模的水圳。

当中以来自福建南靖县的郭锡瑠最为典型，他在台北花了22年修建了瑠公圳。郭生于清康熙四十四年（1705年），幼年随父亲移居至台湾，定居于现今彰化八堡圳一带从事开垦。乾隆元年（1736年）北上，定居于台北中仑庄（今台北市松山区附近），从事兴雅庄（今台北市信义区一带）等地开垦工作。由于当时旧埤淤积，水量逐年减少，使得郭锡瑠决定寻找新的水源地开发水圳。

郭锡瑠探勘时发现，附近的基隆河水位较低，不适合开凿水圳，当时的拳山（今台北市文山区公馆往景美方向左侧的山）仍然是一片荒地，可以开发利用，而较远的新店溪上游、青潭溪附

近是河水汇集处，水源较丰沛，只要沿新店溪畔开凿水圳，水源便可经大坪林、景美地区直达台北市，解决台北盆地的灌溉问题。他先费数年开凿大坪林合兴寮石空顶圳段，但是水源仍然不够。于是他变卖家产筹措资金，甚至为了平息与泰雅人的争端而与泰雅人通婚。

在当时，青潭主要居住着平埔族群的秀朗社村民，邻近（靠近今新北市乌来区）则有高山族泰雅人，因此在开发水圳过程中，郭锡瑠常遭到攻击，于是他在地势较高处建了一座"鼓亭"，派人看守，若发现有当地居民出动，就击鼓警示，这也是台北市中正区古亭地名的由来。后来，为了减少双方的冲突，郭锡瑠也雇用少数民族开凿水圳。

这项工程终于在乾隆十四年（1749 年）完工。这段流经今新店、景美、公馆、松山等地的水道，被称为"青潭大圳"或"金合川圳"，不过台湾民众最常叫它"瑠公圳"，而"瑠公"正是对郭锡瑠的尊称。该圳路纵横数十里，灌溉的面积多达二千多顷，自十数公里外的新店溪青潭（位于今新北市新店区新乌路上）源头，引水至中仑附近的锡口、兴雅庄，改变了整个台北平原的面貌，使得台北成为仅次于中部的另一个谷仓。

乾隆三十年（1765 年），台北发生大水灾，洪水将景美溪的通水暗渠冲破，而年已六十的郭锡瑠，眼见心血付诸流水，积忧成疾，隔年便逝世。尔后则由其长子郭元芬继承父业，于乾隆三十四年（1769 年）完成瑠公圳的修复工作。直到现在，台北市与新北市仍然可以见到瑠公圳的遗迹。为了纪念他，新北市新店区现设有瑠公公园，新店碧潭风景区则立有瑠公圳纪念碑。

瑠公圳引水原址

随着来台开垦者日多，以及大规模水利工程的兴筑，聚落规模逐渐变大。由于清代初期台湾的手工业并不发达，而台湾丰富的米、糖物产，却是大陆重要的需求品。当时台湾的米谷需要由商船运输至厦门，再转至其他地方，政府规定赴台贸易的商船必须运输米粮，导致很多商船为方便生意而对官府谎报航行的路线。

同治十三年（1874年）至光绪四年（1878年）之间，依台湾北部之淡水、鸡笼与南部打狗三座港口之记录，台湾北部的港口以福建厦门以北的商船较多，其中淡水港为泉州、福州、宁波、厦门、上海各港口进出最多；鸡笼港主要是厦门至福州间的泉州、福州、惠安、兴化、金门各港口进出最多；南部的打狗港则以福建南部至广东的厦门、南澳、樟林、汕头、东港各港口进出最多。从这些资料可知当时每年进出淡水、基隆港的船只近千艘[①]。

　　台湾与大陆间形成了农产品输出、手工品输入的区域分工。在区域分工之下，三大港口形成的聚落占了重要的地位。商贸港口的聚落，常常聚集有很多的贸易商人，他们为了经商方便或避免同业竞争，往往组成类似现在行业协会的组织，称之为"郊"，这种商人便叫"郊商"，"郊"的次级中盘商为"行"。"行"向"郊"提购货品，批发分销给零售商，故有"行郊"之称。又因"行"是第一手批发商，故又称"顶手"，再次级的零售商（如店铺或行商）叫下手，顶手的商法属"武市"，"下手"叫"文市"，介于武市和文市之间的叫"割店"也是小批发商[②]。

　　行郊的贸易，以大陆沿海的港口为主，贸易口岸在宁波、天津等地的称为"北郊"，而贸易口岸在厦门、漳州、泉州、汕头、香港等地的则叫"南郊"。此外，只限在台湾岛内各港口之间从事贸易的叫"港郊"。顶港指北部的港口，下港指南部的港口，台湾现在还有一句俗谚"顶港有名声、下港最出名"流行到现在，这句俗谚是"全台湾都很出名"的意思，台湾到现在还常常用"下港"来称呼台湾南部。笨港、鹿港、艋舺有厦郊、泉郊，是专门与厦门、泉州贸易的行商；澎湖还有台厦郊，专门经营台湾和厦门间的贸易。另一种则是之后随着商业的发达，特定商品

---

　　①松浦章：《清代台湾海运发展史》，博扬文化事业有限公司，2008 年版。
　　②徐振国：《台湾"商郊"显示的前现代国家特性和政商关系》，《东吴政治学报》，2001 年第 1 期。

的需求增加，为避免同行间恶性竞争，而成立买卖特定商品的行郊，如台南有糖郊、杉郊、丝线郊、绸缎郊、药郊；鹿港有染郊、油郊、糖郊、布郊、药郊；笨港有糖郊、布郊、货郊、杉郊等。以当时台南运营的"北郊"来说，郊中有 20 多个商号；以"南郊"来说，郊中有 30 多个商号；而营运台湾各港口的"港郊"，则有 50 多个商号。这些集团所拥有的船舶"大者可载六、七千石"，在每年春末夏初，南风吹起时，停泊在鹿港、八里坌与鸡笼的小船载着布匹、烟、伞等日用百货，进港兜售，各色帆船、横洋船频频往来台湾海峡，形成另一波"唐山过台湾"的风潮。

穿梭往返海峡两岸的"郊商"在营商的过程中，不但逐渐垄断贸易，而且成为地方上的代理统治者，取得政治上的权利，由"郊商"成为政商再为豪商，造就了很多显赫一时的大家族。这就大大促进了台湾的海运贸易，台湾岛上出现了许多大大小小的港口，及一些拥有巨资，垄断台湾对大陆贸易的"郊商"。这种频密的交往，使台湾在经济上和大陆完全融为一体，同时也为大陆母文化的传播台湾，提供了最广泛直接的途径。

第五节　清代台湾的文化教育与中华文化的传播

郑成功收复台湾后，将科举制度移植到台湾，郑经时期陈永华亲自在承天府宁南坊鬼仔埔大兴土木，建造孔庙，设立府学。南明永历二十年（1666 年）正月，孔庙建成，这是台湾有孔庙之始，之后又建学院，陈永华亲任学政，聘请礼官叶亨为国子监助教，因此台南孔庙有"全台首学"之称。康熙皇帝统一台湾后，开始在台湾系统地实施文化教育，设立府县厅儒学，科举制度在台湾得到了进一步的推广和改善，与大陆的教育和科举制度完全一致。《台湾通史》记载，"乾隆四年，定台湾举人会试取中之例，从御史诺穆布之奏也。建校士院。同时于各府、县设儒学，至清末有府儒学三，县儒学十，开科考试，文风渐盛。光绪十五年建台湾府考棚，各县多建儒学，巡抚刘铭传自莅岁试"。自康熙二十四年（1685 年）始，陆续有台湾士子到大陆参加科举考试。有清一代，从康熙二十六年（1687 年）台湾第一位举人凤山县的苏峨，康熙三十三年（1694 年）陈永华之子"开台进士"陈梦球起①，到光绪二十九年（1903 年）年最后一位进士汪春源，总计 200 多年间有举人 251 人，进士 29 名（不包括武举人和武进士），在培养了大批台湾人才的同时，亦对台湾社会产生了深刻的影响。

清代正式的科举考试分为乡试、会试、殿试三级，当时台湾是福建九府之一，台湾考生须渡海赴省会福州参加乡试。光绪十一年（1885 年）台湾建省后依旧沿用此例。当时福建全省参加乡试的考生总数近万人，台湾考生为了避开台湾海峡的风浪，小暑前就要渡海来到福州备考。当时台湾在与福建一体筹划录取的基础上，清政府还给台湾考生不少"倾斜政策"，以鼓励台湾生员积极到大陆应考，在乡试和会试中，清政府专门为台湾士子另编字号，设立保障名额。从康熙二十六年（1687 年）开始，福建的地方官员不断地以奏折的形式请求朝廷在录取时，对台湾学子给予倾斜，到咸丰九年（1859 年），台湾的乡试录取名额总共达到八名。乾隆三年（1738 年）议准，如有十名以上台湾举人应试，就至少取中一名，即"会试中额"优惠办法。除了保送名额，清政府为了保护台湾士子赴闽应试的安全，从同治十三年（1874 年）起，官方还专门派官船，由台湾淡水港将士子们护送至福州

---

① 陈梦球，号二受，陈永华之子，福建同安县角美人。郑氏灭亡后，随郑克塽至燕京，入籍汉军正白旗，以汉军旗籍中举人，康熙三十三年（1694 年）中进士，授为编修。曾任翰林院编修，奉令督学山西，卒于任内，不但为"开台进士"也为"开台翰林"。李国祈《清代台湾社会的转型》（1978 年）载，乾隆时期的进士有冒籍台湾的情形，因此，台湾真正的第一个进士是道光三年（1823 年）新竹的郑用锡。

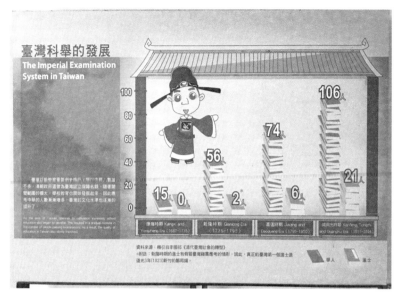

台北万华剥皮寮园区展示清代台湾科举的发展

参加考试。

　　清初，由于对台湾士子优待的制度，出现了闽粤学子冒籍赴台参加科举考试的现象，即只要在台湾有房有田的外籍人，也可以台籍生员资格应考，这无形促使闽粤一带渴望及第且在原籍竞争力欠缺的人纷纷赴台买屋置地，以求得一张参加科举的"特别通行证"。福建科举竞争十分激烈，因此福建士子在考试之前，就渡海到台湾，住在亲朋好友家中，以台湾考生的身份参加科举考试，这样的状况在当时十分严重。

　　闽台两地在历史上渊源深厚，科举制度增进了闽台两地间的往来交流，科举考试也是闽台关系中割不断的纽带。闻名的台湾名茶冻顶乌龙，传说就是当年台湾南投举人林凤池在福建参加完乡试，从福建带回乌龙茶苗栽培而成的。科举制度培养了台湾社会崇尚文化的风气，促进了全台湾的开发，奠定了两岸共同的文化根基。

清代在乡间坊里设有社学、义学及民学，遍及各地。尤其是康熙六十年（1721年）朱一贵起义平定之后，清政府认为台湾的问题，不在民之贫困，而在民之教化，决定"兴学校、重师儒，自郡邑以至乡村，多设义学，延有品行者为师。自是之后，台湾除澎湖及噶玛兰地区外，多设义塾；且多兼县书院，……故乾、嘉之际，一时文教颇盛"。社学也称官塾，或由官办，或官民义捐，或个人私设，但学生入学一概免费。民学则同大陆的书塾，培养自己的子弟。除这些初级教育机构之外，有清一代，广设书院。《台湾通史》评其"实为台湾教育之中心"。所有这些教育措施，不但使台湾有了一批又一批土生土长的知识分子，更通过教育确立和巩固儒家思想文化的统治地位，并且使汉族与少数民族进一步融合。这样，中华文化在台湾这块土地上愈发地蓬勃发展起来。

台湾士子普遍具有强烈的爱国思想，在外敌入侵之时，他们挺身而出，奋勇抗击敌人，维护祖国领土完整。他们的民族大义和爱国精神，深深地影响了台湾社会。譬如，台湾有名的逢甲夜市以及逢甲大学，就是为纪念台湾爱国进士丘逢甲而命名的。丘逢甲是彰化县人，生于苗栗县铜锣湾，是光绪十五年（1889年）进士，授工部主事。光绪二十年（1894年）中日甲午战争爆发，丘逢甲捐献家资，训练义军，并任全台义军统领，率台湾民众抵抗日军侵台。《马关条约》签订后，丘逢甲三次刺血上书，要求"拒倭守土"，并亲率义军与日军抗争，其兄先甲、弟树甲均为义军。台湾文人学士的文学作品，涌现了像丘逢甲等一批著名的爱国诗人和许多描写台湾风情、维护祖国统一、反抗列强侵略的优秀文学作品。

光绪十一年（1885年），台湾建省，刘铭传任首任台湾巡抚。刘铭传是清末洋务运动中具有时代眼光、革新思想和实干精神的杰出人物，在其任职台湾的六年中，对台湾的外防、行政、财政、生产、交通、教育，进行了广泛而大胆的改革，对台湾的政治、经济、文化都产生了极大的影响。

清政府在少数民族村社设立"番学堂""土番社学"。康熙二十五年（1686年），有新港、目加溜湾、萧垅、麻豆等四社学；康熙五十四年（1715年），又有诸罗山、打猫、哆啰啯、大武垅四社学，而且实行"能背诵四子书者，旌以银布"。黄叔璥的《台海使槎录》提道："肄业番童，拱立背诵，句读铿锵，顿革朱离旧习。"至同治十三年（1874年），"开山抚番"之议起，"番学"更办入深山。并编写"熏番俚言"，以五字为句，共985字，略如长歌，教以日常生活、伦理、奖善罚恶等，也算是教材一大改革。同时，就学"番童"发给衫裤鞋帽及纸笔，有的还每月发给学费银一两，米三斗。这些"番学"虽有的有始无终，但也不少成绩斐然，尤其是"熟番"社学，平埔族群至嘉庆以后，急速汉化，同清廷推广教育的关系巨大。

汉族与平埔族群的同化融合，到这一时期的后期已是基本完成，只有少部分迁入山地或较为偏远的东部。光绪初年的《苑里志》记载："今番人归化已久，习惯、衣冠、器用以及婚丧、贺吊，一如汉人；通番语者，百无一、二。"有外国历史学家在考察后写道："他们（指平埔族群）旧有的宗教让位给中国人的祖先祭祀，在许多房屋内，鹿和野猪的头都被多少有些荒诞的司命神的粗劣画像所代替，他们的陈旧的游戏和古老而又天真的歌曲也让位给中国式的不调和的歌曲；甚至流行的样式也卷入了这种中国化。"自明代开始有大量汉人迁徙台湾，而在台湾的少数民族保持着原始社会的状态，其原因在于生产力水平落后，当时平埔族群虽然皆以农耕为主，也种植水稻，但是直到十七世纪才使用犁、肥料，一直以来维持着低效的生产方式，因此台湾平埔族群人数一直不超过五万人①，而且各部落之间无法有效联合，当汉人较为先进的文化传入且人数剧增时，平埔族群的汉化就无可避免了。

除此之外，与清代的教化有很大的关系，除了设学社、改风俗之外，还有赐姓的方式，清代赐姓各社有功头目、土官，引至一般社众亦相竞袭用，袭用最多的汉姓当属潘姓，除了因为潘姓为最早的赐姓之外，据说是有人告诉他们，潘字，"有水、有木、有田，姓莫如潘宜"。另外值得一提的是，当时平埔族群与汉人通婚仍是少数，平埔族群的汉化与通婚并无太大关联②。

第六节　清代台湾闽南移民的宗教、民俗与艺术

各种民间信俗也在清代得到了极大的发展。一方面是许许多多的移民从大陆携带香火、神像至台湾，在村落乃至家里安放祖宗的牌位和神龛。当中既有全国性的神明，如关公、观世音、玉皇大帝；也有闽粤两地原乡的乡土神，如开漳圣王、保生大帝、

---

①台湾中山大学社会学系副教授、地理学者叶高华整理 1650 年的户口表与 1905 年的人口普查资料，并佐以清代文献，指出 1650—1905 年间平埔族群人口一直不超过 5 万人。

②关于汉人与平埔族群通婚的情况，日本的人类学家、民俗学家伊能嘉矩指出，平埔族群与汉人通婚的例子不多；台湾师范大学历史学博士詹素娟引述《哈佛亚洲研究学报》执行主编、人类学家鲍梅立（Melissa J. Brown）的研究指出从清末到日本殖民统治初期，"头社、吉贝耍、番仔田的平埔族群虽然已经与汉人有各种往来，说福佬话，进行水田稻作，祭祖拜公妈，但他们一直维持着'熟番'认同，在通婚关系上始终没有跨越汉、番的界线"。人类学者李国铭分析屏东平原平埔族群的户籍资料，发现在 1960 年代以前，平埔族群几乎不跟汉人通婚。这些人说的是福佬话，但宁愿到遥远的平埔族群部落寻找婚配对象，也不跟邻近的福佬人通婚。台湾中山大学社会学系副教授叶高华整理日本殖民统治时代的人口统计资料，发现福佬男子与平埔族群女子结婚的比例未满 0.5％；客家男子与平埔族群女子结婚的比例未满 1％。台湾大学历史学系教授亦指出："少数民族人口向来不多，清朝统治末期顶多十六、七万，而汉人已达二百八十万，从人口结构来说，要到'平埔某'的汉人占人口比例应不高。"

清水祖师、三山国王；还有各类行业之神，如郊商祀水仙、药师祀药王、戏班祀西秦王爷或田都元帅、武馆祀达摩或张三丰。

另一方面，随着宗教文化发展，台湾人民在这一时期创造了许多新的神祇，这表明大陆宗教文化在台湾不但已扎下了根，而且结出了新的果。台湾新造的神祇大致可分为三类，一类是将造福台湾的先人贤士神化，如郑成功、吴凤等；一类是遍布各地的大众爷、义民爷的孤魂祠[①]；还有一类是毫无根源的所谓石头公、大树公之类的祭祀。

闽南人移居台湾时，把信仰风俗带进台湾，这种习俗的传播，最初是采用"分灵"与"分香"的形式，"分灵"是每一波移民出发的时候，通常都会迎奉一尊家乡某座寺庙里的神像，或是依照某神像制作小神像随行，在海上航行时，把神像供在船上；"分香"则是因为财力弱，或其他原因不方便带神像，就随身携带家乡某个寺庙的香炉灰。登陆之后，就在落脚的地方，先结一座草庵，把神像或香灰袋供奉在草庵中，或者供奉在某人的家中，过了二三十年，当这波移民的经济状况稳定之后，就捐资兴建新的寺庙，雕塑大神像供奉。

郑氏时，台湾的寺庙不过一二十座，至康熙年间，台湾民间信仰神祇至少有 18 种，庙宇约 32 间，有见于记载的庙宇数最多的是保生大帝庙和关帝庙，各有 5 间，另天妃庙有 3 间。日本殖民统治初期（1919 年）的统计，台湾已有寺庙 3312 座，斋堂 172 座、小祠 7787 处，还有宗祠祖厅 120 座，总计达 11391 座（处）。由此可见在清朝时台湾民间宗教文化的发展程度[②]。

---

①另有说法为据段凌平《闽南与台湾民间神明庙宇源流》（2012 年）的研究，"长期以来闽台学界认为有应公、大众爷是台湾本土的神明，本书以调查资料说明，有应公、大众爷崇拜根源在闽南"，书中列举东山铜陵演武亭万福宫、东山铜陵翠云宫、芗城坂仔顶有应公妈庙、厦门曾厝垵圣妈宫以证明。

②段凌平：《闽南与台湾民间神明庙宇源流》，九州出版社，2012 年版。

　　汉族的民俗风情、文学艺术，更是在台湾蓬勃发展。所有岁时节俗、衣着饮食、生冠婚葬，乃至社交行商，无不完全照搬大陆汉族习俗。比如，房屋建筑方面"台湾宫室，多从漳泉"；结婚所穿的白衣更是闽南自五代以来的传统习俗，"男女成婚之时，先卜吉日，延福命妇人，以白布为制衣裤，谓之'上头服'，取其洁也。婚后收之，没时以此为殓"；在粤东的潮州地区与闽南的泉州、漳州两府，妇女出门普遍流行盖头巾，一种被文人称为"文公兜（斗）"或"文公帕"奇特的服饰，在台湾为"前时妇女出门，必携雨伞，以遮其面，谓之'含蕊伞'，相传为朱紫阳治漳之俗"；饮食习惯则是"台湾之馔与闽粤同"。

　　在戏剧方面，依连横《台湾通史》卷二十三《风俗志》记载：

　　"台湾之剧，一曰乱弹，传自江南，故曰正音。其所唱者，大都二簧西皮，间有昆腔。今则日少，非独演者无人，知音亦不易也。二曰四平，来自潮州，语多粤调，降于乱弹一等。三曰七子班，则古梨园之制，唱词道白，皆用泉音。而所演者，则男女之悲欢离合也。又有傀儡班、掌中班，削木为人，以手演之，事多稗史，与说书同。夫台湾演剧，多以赛神。坊里之间，酿资合奏。村桥野店，日夜喧阗。男女聚观，履舄交错，颇有欢虞之象。又有采茶戏者，出自台北，一男一女，互相唱酬，淫靡之风，侔于郑卫，有司禁之。"

　　在音乐方面，泉州人喜好南曲（即南音），"南词之曲，文情相生，和以丝竹，其声悠扬，如泣如诉，听之使人意消"。广东（客家）人喜好粤讴，"以其近山，亦曰山歌，而粤讴则较悲越"。据当时记载，"坊市之中，竞为北管，与乱弹同。亦有集而演剧，登台奏技者。勾阑所唱，始尚南词，间有小调。建省以来，京曲传入。台北校书，多习徽调，南词渐少。唯台湾之人，颇喜音乐，而精琵琶者，前后辈出。若夫祀圣之乐，八音合奏，间以歌诗，则所谓雅颂之声也"，可见在当时的台湾已经流传着种类十分丰富的音乐形式。

第三章　以闽南人为主体的台湾社会状况

有清一代，中华文化已经传播到台湾的每一个角落，扎下了根，并开花结果，形成了有地域特色的台湾文化，成为中华文化重要的、不可分割的组成部分。

第一节　清代闽南人迁徙台湾所形成的大家族

台湾土地肥沃，自然环境适合米、蔗的生长，转卖大陆获利甚高，因此，台湾农业的生产以米、蔗为主。另一方面，因为气候不适合种植棉、桑，而大陆手工业十分发达，物多精美，两岸就因此产生了货品流通的需求。而务实的台湾商人也早在那个时候便前进大陆广大的市场，打开了通商之门。米、糖带来的大量利润，让闽粤移民逐渐在台湾站稳脚步，一些家族在台湾落地深耕后，势力渐渐庞大，成为具有两岸影响力的巨商。

这些大家族首先通过拓垦与经商等致富手段，以成为地方领袖；再经由军功或科举之途径，以跻身官绅阶层[1]。台湾社会的领导阶层已由豪强之士转变为士绅阶级，民间的价值判断与社会习俗均以儒家道德标准为主[2]，一如闽南乃至全中国的社会文化

---

[1] 黄富三：《帝国边陲与家族社会流动：雾峰林家的发展模式》，文化差异与社会学通则：纪念张光直先生学术研讨会，2002 年 3 月 1—2 日。

[2] 李国祁：《中国现代化的区域研究——闽浙台地区，1860—1916》，1985 年版。

模式。

台湾五大家族，传统上是指基隆颜家、板桥林家、雾峰林家、鹿港辜家和高雄陈家。这五大家族大都在清代迁徙台湾的高峰期——乾隆、嘉庆年间到台湾开垦，其中板桥林家发迹最早，自乾隆、嘉庆年间即迅速兴旺；雾峰林家与高雄陈家次之，约发迹于咸丰年间；基隆颜家和鹿港辜家发迹最晚，是在日本殖民统治时期，依靠日本殖民当局的支持而发展其经济事业。

一、 板桥林家

板桥林家始祖林平侯于乾隆年间，自漳州龙溪跟随父亲林应寅来到台北新庄，16岁时，在米商郑谷家中当帮佣，帮助老板积累了不少财富。而后他得到老板资助，自立门户从事白米批发生意，林平侯有生意头脑，获取了丰厚的利润，之后还将老东家赞助的资金返还，但是郑谷并没有接受，林平侯就帮他置产，以租金来回馈他这位恩人。之后林平侯与竹堑（今新竹）的林绍贤合办全台盐务，再购置船只往海外运送货物，获利可观。林平侯还有计划地捐钱买官，与大陆的大官结交联姻，奠定士绅地位。

林平侯之子林国华、林国芳组成了"林本源商号"，他们还在板桥与桃园大溪开垦了大量土地，其家族后迁往板桥，所以又称"板桥林家"。林本源园邸（俗称林家花园）今位于新北市板桥区，为板桥林家兴建的房舍，是目前台湾现存最为完整的园林建筑，其中分为花园区与五落大厝区。

新北板桥林家花园

板桥林家花园中的园林造景

二、 雾峰林家

雾峰林家开台祖林石的祖籍是今漳州平和县五寨乡埔坪村，乾隆十一年（1746年）渡海到台湾定居，数十年间经营有成，却因林爽文事件牵连入狱而病逝。后第三代林甲寅从大里杙（今台中大里区）移居阿罩雾（今台中雾峰区），重新开拓事业而再次富裕兴旺。

咸丰四年（1854年），小刀会在厦门建立政权后占领基隆，林家后人林文察助战，同治二年（1863年）六月，林文察升至陆路提督，返台招募兵勇，帮助清廷平定戴潮春事件有功，由此获得了大量的土地与资产，另还赴大陆助剿太平军，因军功擢升为一品福建陆路提督，后林文察在与太平军作战中阵亡。而接续的族长林文明因罪被斩首，家族官司缠讼而一度中落。幸其子林朝栋在中法战争里出钱出力，博得官府好感，并在战争后取得大量田产，得到樟脑专卖权，家族财富暴增，成为中台湾的首富，与板桥林家并称，台湾人称"一天下，两林家"，雾峰林家由此开始人才辈出。

三、 高雄陈家、 鹿港辜家、 基隆颜家

高雄陈家是由泉州同安人陈中和开创，同治年间，陈中和来台，在台湾从事蔗糖运输与进出口国际贸易，在日本殖民统治时期因配合日本"米糖王国"政策，涉足新兴制糖业，逐渐致富。

鹿港辜家是泉州三邑辜显荣所开创，清末时到达台北府开设杂货店"瑞昌成号"。乙未之役时，台北城大乱，辜让日军顺利进入台北城，无血开城①，并获得日本人的回报，取得许多特权事业，因而致富。其后人辜振甫、辜濂松一脉，改往金融业发展，创立"中国信托投资公司"。

①连横《台湾通史》卷四：鹿港辜显荣在台北，见事急，自赴基隆，谒总督，请定乱。许之，日兵遂进。十四日夜半至城外，城兵犹守战。黎明乃陷。十五日，川村景明入台北，以骑兵略淡水。

基隆颜家来自泉州安溪县，在清道光年间已经开始采矿，在日本殖民统治时期，颜云年与日资企业三井会社合作，开采煤矿、金矿，因而被称为"炭王金霸"。

四、 林秀俊家族

林秀俊在雍正年间自漳州渡台，在台北盆地地区从事开垦，曾担任淡水、大甲与后垄诸社的通事，并且娶了平埔族群的女子潘氏为妾。他与陈鸣琳、郑维谦共同兴筑水圳，并于乾隆七年（1742年）完工。而在这不久后，林秀俊又自己成立了垦号"林成祖"，经营遍及今台北（大加蚋堡）、板桥（摆接堡）、新庄（兴直堡）、土城、永和、内湖，远至苗栗、大甲一带，为台湾开发之先驱，其后人林丰正曾担任台湾省主席。

五、 新竹郑家、 林家

福建同安金门人郑崇和，在竹堑（今新竹）从事土地开垦，《淡水厅志》卷九记载他"淹贯群籍，准先辈法程。门下多达材，晚益好宋儒书，令子弟时读数行，以窥圣学源流"，所作所为就像是一位大儒；而下一代的郑用锡更是"开台进士"，主持明志书院的时间长达八年，并兴建"北郭园"，成为北台湾文人聚会胜地。郑用锡致力于化解民间矛盾，当时分类械斗严重，不同省的闽、粤，不同府的漳、泉，同府不同县的，都有纷争，在艋舺地区因为械斗而致地方萧条，延蔓百数十里，杀人越货，道路不通。郑用锡亲赴各庄，力为排解，以同为内地来台而呼吁和平相处，著《劝和论》以晓之，民众得书感动，斗为之息。乃刻石于后垄，以示后者。与郑用锡同乡的林占梅家族初居台湾台南一带，之后因为祖父林绍贤经办全台盐务，而成为巨富，迁居到竹堑城。林占梅虽出身豪富，但琴棋书画无不精通。其诗集《潜园琴余草》更是传颂一时。其留下的园邸是他在道光二十九年（1849年）修筑的潜园，是当时新竹文人主要的活动据点，唯至今无存至为可惜。

第二节　闽南移民的社会状况

随着开发的深入，城市和乡村逐渐形成并扩大，于是相应的行政机构逐步设立。清初设置一府三县，雍正元年（1723 年）设彰化县、淡水厅；雍正五年（1727 年）设澎湖厅；乾隆五十二年（1787 年）设嘉义县；嘉庆十六年（1811 年）设噶玛兰厅；光绪元年（1875 年）设恒春县、卑南厅、台北府、宜兰县、新竹县、鸡笼厅、埔里社厅，光绪十三年（1887 年）台湾建省前，几经改制有二府八县四厅；建省后下设三府十一县三厅一直隶州，奠定了今日台湾行政区划的基础。在军事方面，清初台湾有兵 10 营，每营 1000 名，设总兵官 1 名，副将、参将各 2 名。

在社会结构方面，台湾社会主要由地主和农民构成，地主多是地方上的豪强，农民、小手工业者、小贩等则处于社会底层，此外还有商人、官吏、将弁和士兵等群体。游民是当时社会上一个值得注意的群体，在早期人口中约占 20%至 30%，道光年间尚占 10%至 20%。游民一无所有、游食四方、随处结党，往往成为社会上不安定因素。在移民社会中，居民基本上以地缘关系为纽带而聚居，各地移民大体上都有各自的聚居地。这样的社会结构就会产生一些社会矛盾，例如官府和平民的矛盾，不同祖籍移民之间的矛盾，以及土汉矛盾等等。当时台湾所谓"三年一大反，五年一大乱"便是移民社会矛盾的表现。

把几次台湾重要农民起义的资料进行分析，可以看出，起义都是当时阶级矛盾的产物，起义由农民领导，起义的骨干和参加者绝大多数是农民和其他劳动者，亦有一些游民。根据林爽文起义被俘者的口供，他们多数是以种田、替人种田、替人养鸡鸭为生，也有从事佣工、肩挑、剃头、卖糕饼等职业，还有少数从事训蒙、起课、唱戏、念经。只有个别地主、商人参加起义，但在领导层中不起主导作用。多数起义把矛头指向官府，提出诸如"剿除贪官，以保民生"的口号，并且攻城戕官，开仓劫狱。应当说，封建官府是地主阶级的政治代表，反对官府和反对地主阶级具有一致性。实际上据文献记载，当时土地"大半归于富户"，"历来匪民为乱，多起于拦米谷，抢头家"，所谓"头家"指的就是城乡的富户和地主。所以，历次起义站在官府一方参加镇压的有所谓"义民"，其中为首者都是地主、商人、举人、生员、郊商、铺户和地方士绅，可见双方的阶级差别十分明显。当然义民也有保卫本地居民生命、财产安全的一面，这是不能否定的。

游民之乱是台湾移民社会的一种社会现象，台湾历史上的不少起义都有游民参加。以游民为主体的游民之乱主要发生在早期，以吴福生事件、黄教事件较为典型。参加者基本上都是游民，组织涣散，目光短浅，力量单薄，以焚烧抢掠为能事，一哄而起，旋即溃败。

"分类械斗"的频繁发生，是台湾社会又一特点。从乾隆三十三年（1768年）到光绪十三年（1887年）的120年间，据不完全统计，一共发生了各种械斗57起，其中分类械斗有35起，主要发生在咸丰十年（1860年）以前。发生械斗有社会经济、政治等多种原因，它和移民社会的结构有密切关联，随着社会结构的变化，械斗的形式也发生变化。分类械斗使不同祖籍的广大移民卷入其中，造成生命财产的严重损失，阻碍了生产发展和社会进步。

大约在1860年前后，台湾从移民社会过渡到定居社会。这时的居民已经是以移民的后裔为主了。亲属之间的血缘关系逐渐超过了同一祖籍的地缘关系，社会结构也转变为以宗族关系为基础的组合。随着经济发展。职业分工更为复杂，各种专业工匠大量涌现，例如银店、修理玉器、织番锦、塑佛、煮洋药（鸦片）、茶等行业的"司阜"（师傅），游民则多数流向经济作物种植业和手工行业。人际关系亦发生变化，"分类"的矛盾逐渐淡化，社会动乱也相对减少，统治力度有所加强，台湾建省后，民众文化水平有所提高，宗族制度早已深植台湾社会。鸦片战争以后，中国社会所发生的变化，在台湾均有体现。可以说，台湾开港以后的社会变化是和大陆沿海地区是同步发生的。从这些方面来说，台湾社会和大陆社会更加相近了。但是另一方面，移民的后裔转化为本地居民，他们对现居地的感情日益加深，认同当地、扎根台湾的倾向也日益增强①。

从《问俗录》鹿港厅一卷来看台湾移民社会后期的状况，该卷的条目有：生番、通事、番割、番隘、番社、屯饷、屯埔、海运、海禁、海防、海道、海风、道考、义仓、埤长、管事、大小租、破业户、正供、采卖、螟儿、婊妹、奶丫头、赘老公、头家、贼友、盗薮、逃人、大哥、树旗、总理、线民、叛产、戍兵、水师、军工厂、罗汉脚、分类械斗、家常便饭等三十九条。从中我们可以看出当时台湾社会有以下一些特点：（1）居民以闽粤移民为主；（2）移民和少数民族常发生冲突；（3）游民占有相当大的比重；（4）居民以地缘关系为基础进行组合，不同祖籍居民之间多次发生冲突；（5）治理水平低，吏治腐败、统治力量薄弱；（6）地主富户多是地方上的豪强；（7）社会结构比较简单，主要是地主和农民；（8）商品经济比较发达；（9）阶级矛盾不十分尖锐；（10）文化落后。以上十点是《问俗录》中所反映的台湾社会特点。由于该书记述的是移民社会后期的状况，某些属于前期的特点这时已经削弱了。例如，前期男女人数比例悬殊，后期迁移来台的妇女已有所增加。移民社会前期人口增长率很高，特别是乾隆后期至嘉庆年间为人口移入增长的高潮。到了道光年间逐渐减少，但仍有不少移民迁入。

---

①陈孔立：《清代台湾移民社会研究》，厦门大学出版社，1990年版。

根据以上的描述。我们大体上可以归纳出台湾移民社会的基本特点：在人口结构上，除了少数民族以外，多数居民是从大陆陆续迁移过来的，人口增长较快，早期男子多于女子。在社会结构上，移民基本上依不同祖籍而聚居，形成了地缘性的社会群体，一些豪强之士成为业主、富户，其他移民成为佃农、工匠。阶级结构和职业构成都比较简单。在经济结构上，由于处在开发阶段，自然经济基础薄弱，而商品经济则比较发达。在治理上，政府力量单薄，无力进行有效的统治，广大农村主要依靠地方豪强进行管理。在社会矛盾方面。官民矛盾和不同祖籍移民之间的矛盾比较突出，在一定程度上掩盖了阶级矛盾。加上游民充斥，匪徒猖獗，动乱频繁，社会很不安宁。总而言之，整个社会还处在融合过程之中。[①]

第三节　清代台湾人民的反抗斗争

根据许文雄教授《十八及十九世纪台湾民变和社会结构》一文统计，台湾人民反抗清政府的斗争总计为 107 次[②]，其中乾隆朝 60 年计 29 次、嘉庆朝 25 年计 20 次、道光朝 30 年计 34 次，这些不包括乡里之间难以计次的械斗（闽客械斗、漳泉械斗以及土汉冲突），足见十八世纪中叶之后台湾社会的动荡不安。但也有一群平民借由协助朝廷平乱促成阶级流动，因功受封官衔、官职，或获取土地、特权，进而跃升为土豪世族之事例，诸如雾峰林家的林朝栋、鹿港杨家的杨振文、新竹郑家的郑崇和和云林张家的张士箱等。

台湾人民的反抗斗争频仍的原因很多，在政治因素方面，有吏治败坏、军纪不佳等因。连横认为台湾之变非民自变，是因为

①陈孔立：《清代台湾移民社会研究》，厦门大学出版社，1990 年版。
②转引自《台湾历史与文化论文集（四）》，稻乡出版社，2000 年版。

官民矛盾激化而变。例如朱一贵之起，始于王珍之淫刑，继由周应龙之滥杀，导致从之者众，而祸乃不可收拾。又以林爽文是当地之豪，致力开垦而致富，全然是庄民之怨因而起义。如同《续修台湾县志》所评述，"林爽文之变，实激之使起"。此后张丙之变、戴潮春之变，都是因此而起。连横也认为，人说台湾人好作乱并不缜密，他认为道光年间，曾任台湾道、福建巡抚的徐宗干曾有评论"各省吏治之坏，至闽而极，闽中吏治之坏，至台湾而极"，其亦提出四大原因：其一，地理位置孤悬海外，官员若自行其是，上级监督不易；其二，因朝廷采行"本籍回避政策"，派驻台湾的官员和下层民众言语不通，下情无法上达，双方易有误会；其三，官员俸禄极其微薄，以致贪污受贿，乃至于官商豪族勾结情事层出不穷；其四，官衙办公经费匮乏，凡招募人事、公共建设经办等，多令主事者往往有心无力，又或因循苟且，得过且过①，故徐宗干曾有台湾"三年一大反，五年一大乱"之喻。除了汉人的反抗事件，少数民族也曾因不满被官府欺凌，或因商社、通事的严重剥削，而起来反抗。其中以雍正九年（1731年）大里西社的反抗事件的规模最大，曾有2000多名平埔族群百姓包围彰化县治，中部平埔族群各社纷纷响应。

在许多民变中，无家室、恒产、固定工作的"罗汉脚"，也扮演了重要的角色。罗汉脚之间，因同病相怜，于是歃血为盟，结拜兄弟，结为类似血亲的关系，成为台湾社会中一股力量。这种集结一气的游民，在很长的一段时间内，是台湾社会不稳定的因素。

清朝时期发生的大大小小民变中，发生于康熙六十年（1721年）的朱一贵事件、乾隆五十一年（1786年）的林爽文事件，以及同治元年（1862年）的戴潮春事件，被称为清代三大民变，另

①戴宝村：《台湾政治史》，五南出版社，2006年版。

外施九缎事件也是清朝后期的重大民变。

天地会在三大民变之中扮演重要的角色，朱一贵事件前，即有天地会酝酿起义，到了林爽文、戴潮春事件，也是以大地会、八卦会等这样有宗教色彩的秘密结社、兄弟结盟的模式进行。台湾这三大民变，由大陆派来台平乱的将士，留下在台继续进行垦殖，更加速奠定了汉人在台湾的根基。例如"林爽文之役，用兵逾年，耗财甚巨。及平，尚存兵饷五十余万两。大将军福康安奏设隆恩官庄，购置田园，征收租息，以为班兵赏恤之资"，朱一贵事件中，总兵蓝廷珍后开发台中大里一带。

第四节　清代台湾民变事件

一、　朱一贵事件

康熙六十年（1721 年），朱一贵在高雄冈山起事，总兵欧阳凯、副将许云（福建海澄人）等战死，台湾府被攻陷而陷入乱局，朱一贵自称反清复明，自立为王，朝廷会总兵蓝廷珍（福建漳浦人）与水师提督施世骠（福建晋江人，施琅第六子）平乱，最后朱一贵被擒送京杀之，其余党渐平，史称朱一贵事件。连横《台湾通史》卷三记载："（康熙）六十年夏五月，朱一贵起事冈山，破府治，总兵欧阳凯、副将许云皆死，南北俱应。一贵称中兴王，建元永和，复明制。总督满保闻报，驰赴厦门，檄南澳镇总兵蓝廷珍出兵，会水师提督施世骠伐台。六月，克鹿耳门，迫府治，一贵战不利，被擒，械至京，磔之，余党亦渐平。"

朱一贵生于康熙二十九年（1690 年），福建漳州长泰人，有一传说为郑氏的部将，另一说法是康熙年间因家贫赴台谋生，住在罗汉内门（今高雄市内门区西南部）帮人养鸭维生。当时他所居住的地区荒僻，天高皇帝远，其为人又豪爽好客，平时交往的朋友就是一些当地豪侠壮士、隐居之人、走江湖的兄弟，平时在家中相聚，大谈时局。

直到康熙六十年（1721 年），台湾知府王珍作威作福，苛征杂税、中饱私囊引发民怨。朱一贵的几个兄弟来找他，大伙聚在一起商议，他们认为当今地方长官只知道玩乐，民心已散，如果要起义，就是在这个时候了。朱一贵认为我姓朱，如果以朱姓名义反清复明为号召，必定可以聚众千余人。众人均赞同他的想法，于是约有 50 多个弟兄共推他为领导，互相结为同盟，并提供酒食，号召了上千人前来响应，他们竖起了红旗，上面写上"大元帅朱"，在晚上突袭冈山官府，并且打败了把总，掳获了很多兵器。

粤籍人士杜君英住在凤山，听说朱一贵起事，也揭竿起义，聚众有上百人之多。还有其他许多冈山的地方人士也起来响应朱一贵，于是朱一贵就改移防冈山山区，打败了右营游击，攻下凤山县城，一时府城大乱，文武官员与眷属争先驾舟从鹿耳门出逃，官府中镇守的军队也四散。连巡道、知府、同知等官员都遁走澎湖。朱一贵与杜君英进驻府城，出榜安民，并开启赤崁楼得到了很多郑氏时期的军器。接着又破了县府，眼看全台湾就要拿下了，各方就推朱一贵为"中兴王"，国号大明，年号"永和"，废除薙发令，即将旗装脱下、长辫剪断，恢复明朝服饰及发式，并分封诸将。但杜君英自以为居功至伟，欲立其子杜会三为王，其他伙伴则以朱一贵为朱姓，可充当明朝皇帝的后裔来号召群众，遂拥戴朱一贵为王，封杜君英及其他 27 人为国公，但杜君英不服，因与朱一贵集团发生争议。杜君英放纵所部士兵，结伙强抢妇女，部众横行残暴。朱一贵怒而处死行为不检的士兵，枭首示众。新仇旧恨下，杜君英自己也掳了 7 名女子，禁锢于后宫供其淫乐。其中一女是朱一贵集团成员吴外的亲戚，朱一贵于是发兵，两方激战，杜所部死伤惨重，残部逃至今云林县仑背乡的猫儿干。朱一贵兵力也因而趋减，起事不及两个月，即遭来援的清军歼灭，清军并借此扫荡南明残余势力，直至雍正元年（1723年）才完全平定。

自从大陆迁徙来台，闽南人与客家人便斗争不断。朱一贵的兴起，是台湾史上少有的闽客合作。连横《台湾通史》卷三亦记载此次事件的影响，雍正元年（1723年），诏曰："朱一贵倡乱，攻陷全台。诸臣夙秉方略，士卒感戴教养之恩，七日克复。当皇考春秋高迈，威播海外，所有立功将士，其各加等议叙。于是增设彰化县及淡防厅，升澎湖巡检为海防同知，添置防兵，以守南北。而台湾之局势渐展矣。"

为嘉奖平乱有功将士及加强管理，雍正元年（1723年）增设嘉义县虎尾溪以北为彰化县，县治设于半线（今彰化市）；而澎湖为台湾至大陆之间的要冲，雍正五年（1727年）乃以整个澎湖诸岛设为澎湖厅。事实上，朱一贵事件后，清廷认为澎湖是防守台湾的重地，拟移总兵于澎湖，总兵蓝廷珍认为不可，上书论之始罢。另外一个影响是在平乱之后，总兵蓝廷珍认为原为番地的猫雾捒、台中大里一带土地肥沃而募佃辟田，名为"蓝兴堡"，至今台中市西区仍有一里名为"蓝兴里"。蓝鼎元随堂兄总兵蓝廷珍入台平乱，事后，百余宗族、兵员未返，落脚阿里港（今屏东县里港乡）垦荒开发。

蓝鼎元所提出治理经营台湾的方略，被当时和此后的主政者所借鉴采用。《平台纪略》是蓝鼎元在台一年余后返乡撰写，清政府对移民实行施琅提倡的渡台禁令，禁止携眷赴台，该政策造成台湾人口性别比失衡，男子多，女子寡，青壮年拓荒者成家困难，是个严重的社会问题，蓝鼎元对此给予极大关注。在《东征集》与《论台湾事宜书》中，他列举了移民"皆丁壮力农，无妻室，无老耆幼稚"，"一庄有家室者百不得一"等大量严酷事实，建议"欲赴台耕种者必带有眷口，方许给照载渡，编甲安插。台民有家属在内地，愿搬取渡台完聚者，许县呈给照赴内地搬取，文武汛口不得留难"。雍正十年（1732年），清政府实行凭照携眷入台政策，就是出自蓝鼎元等官员的建议。

二、 林爽文事件

林爽文事件持续三年多，调动四省兵力才平定，与朱一贵事件相比较，尤为惨烈，是清朝时台湾规模、影响最大的反清运动。连横记载"林爽文之役，南北俱应，猋扰三年，至调四省之兵，乃克平之。较之一贵，为尤烈矣"。此事件后清政府采取了一些防御措施，并对民间势力进行镇压和分化，削弱民间反抗，对台更加强戒备。乾隆皇帝将此事件视为其毕生"十大武功"之一。林爽文事件是以反清复明为号召，但是主因还是由于清代台湾官员贪污腐败；另一个原因是官衙借着搜捕天地会成员大肆抢掠烧杀，当时大墩（今属台中）"无辜妇孺，号泣于道"。

林爽文原籍福建漳州平和，17岁跟随父亲从漳州到大里杙庄来开发。由于目不识丁，以耕田、赶车为业，也曾担任衙门杂役，林爽文很快致富，其所居住的地方在当时距离县城较远，靠近山边，溪流交错，当地人用竹子筑城围篱划界。而附近很多都是因为开垦致富的家族，相互间常常发生械斗，一打起来蔓延十多个村庄，林爽文家也常聚集众人保护地盘。乾隆四十八年（1783年），他因为乡亲的关系加入天地会，成为大里杙附近会党的领袖人物，会众远至凤山，这些人主要是互立盟约，以保护家乡为主，最多曾经达到万人，连官府都拿他们没办法。

乾隆五十一年（1786年），官府开始对会党展开肃清，抓捕了一些会党人士，使得会党之人纷纷到大里杙预谋起事，本来林爽文想要阻止，但是众人势大没法遏止。官府官兵开始进村搜捕，很快到了大墩，离大里杙已经不远了。林爽文只好起兵夜袭大墩，成功之后很快就攻下了彰化，杀了知府孙景燧、理番同知长庚、摄县事刘亨基、都司王宗武等人，尊故明建国号"顺天"。一时各地纷纷响应，几乎攻下全台（西半部）。只剩台湾府（台南）、诸罗（嘉义）和鹿港犹在顽抗，清廷急派大军来台镇压，增兵数次不胜，最后远调陕甘总督福康安来台，利用漳泉之间和闽客之间的矛盾，击败林爽文。

虽然林爽文起义当时全台纷纷响应，然因缺乏号召全岛百姓的理念和动员力，林爽文军队南下攻台南府城时，遭嘉义同属祖籍漳州的诸罗城人守城顽抗，客家人基于保乡卫土的观念，也助清军平乱。林爽文在彰化八卦山吃了败仗，退回老家大里杙，又再被击败一次，于是遁入山区游走，渡过乌溪，进入南投中寮、集集一带，最后在鹿谷山区集结。福安康四面包围，发动最后攻势，在南投鹿谷附近的小半天彻底击灭林爽文。林爽文最后逃到竹南朋友高振家，请高振将他捆绑交案，以交换荣华富贵。林爽文随后被押赴北京，凌迟致死。

今台湾留有不少以"爽文"为名的地名、路名、校名，南投留有"爽文剑井"，传为林爽文因在福康安追击下最后悲愤弃甲投剑之处。在台中及南投都有爽文路（另有一名贼走路），南投中寮乡有爽文村，林爽文曾带着上万人离开大里杙之后，经过南投草屯九九峰，再向南路过今日的爽文村，并在此地扎营，村尾有一间"爽文小学"，苗栗卓兰有"爽文坑"等。南投中寮乡早期又名"乡亲寮"，相传乾隆年间，因廖姓族人与他人发生争执，于是邀请林爽文来当和事佬、做公亲。原本双方争执已到了准备械斗的场面，因林爽文的居中协调，而将大事化小、小事化无。林爽文事件后，中寮乡亲感念林爽文的义助，遂将地名变更为"乡亲寮"①。

林爽文事件平定后，清政府下令建造纪念功碑，还犒赏平乱的将军，碑文立于乾隆五十三年（1788 年），其碑现置于今台南市西区的赤崁楼前，由赑屃驮负着这 9 方石碑。在此事件中，诸

---

① 古国顺、罗肇锦：《台湾客语概论》，五南出版社，2007 年版。

罗县民曾奋勇抵抗林爽文，事后乾隆皇帝因诸罗县民守城有功，"婴城死守，效命弗去，诏嘉其义"，将诸罗县改名嘉义县，一直沿用至今。在朱一贵、吴福生等民变后，因各县俱建义民祠春秋致祭，在今新竹县新埔镇下寮里也有一义民祠，林爽文事件后，该庄人赴义而牺牲者颇多，乾隆帝奖励协助镇压的民军为义民，诏赐褒忠之额，乾隆五十三年（1788 年），乃建褒忠庙（亭）祭祀粤籍义民，并祭祀三山国土。同治二年（1863 年），巡抚徐宗干赠"同心报国"之匾额。光绪十四年（1888 年），巡抚刘铭传亦赠"赴义捐躯"之匾额。

三、 戴潮春事件

戴潮春事件又称"戴万生事件"，自同治元年（1862 年）起事至同治四年（1865 年）平定，共历时 4 年多，是台湾历时最久的民变。

戴潮春，彰化县四张犁（今台中市北屯区）人，原籍福建漳州府龙溪县，先祖乐善好施而闻名于家乡，到戴潮春这一代已蓄积不少家财。戴潮春原任北路协署稿职，为武官的低阶稿书人员，戴潮春的哥哥与阿罩雾（今台中市雾峰区）林家争夺田租失败，于是组织八卦会巩固自身势力。

戴潮春因被地方官员索贿不成而卸职，乃接替其兄，扩大组织八卦会，并利用团练维持治安之名义，大量吸收成员。初期确有发挥维持治安之效。但是到了后期，势力渐大，连入会都要缴交巨款，他们利用民间信仰招募会员，几个月就达到了上万人。但是成员复杂，渐有横行乡里滋事发生。同治元年（1862 年），台湾道孔昭慈恐其势力过大，下令清剿八卦会，戴潮春率先发制，攻下彰化城，孔昭慈仰药自尽，接着戴潮春围嘉义、进逼淡水，台湾南北震动。之后，戴潮春自称大元帅，公告人民蓄发，仿明朝制度。同治二年（1863 年），清廷在稳定太平天国局势后，派遣新任台湾兵备道丁曰健及福建陆路提督林文察赴台合力镇压，而地方士绅林占梅等也聚集地方乡勇团练保卫乡土，后彰化、嘉义等地都接连平定，戴潮春只好逃遁山林中，最后畏罪自首投降，遭处死，其余部众继续抵抗两年，民变才告终。

戴潮春事件影响可以分为两个方面，第一是这次起义许多地方豪强都加入了天地会之中，民变平息后，这些土豪遗留下的财产大部分充公；第二是雾峰林家在镇压的过程中立了功，所以得到了一部分充公的财产，同时还得到了整个福建省的樟脑专卖权。

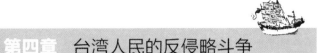

第四章 台湾人民的反侵略斗争

第一节 鸦片战争时英国的侵略

鸦片又称为"阿片"，在荷兰殖民台湾时期，就已经有大量鸦片输入台湾，然后贩售闽、粤两地，当时台湾已经有人在吸食鸦片。道光年间，英国商船便常到鹿耳门、鸡笼、沪尾等地销售鸦片，或用以换取樟脑。

鸦片战争前，清政府对英国窥伺台湾的野心也已有所觉察。道光二十年（1840年）三月间，闽浙总督邓廷桢奏称："闽浙紧要之区，以厦门台湾为最，而台湾又为该夷歆羡之地，不可不为之防。"同年六月，英侵略军于攻陷定海后北上窥伺天津白河口，清廷令台湾兵备道姚莹、台湾镇总兵达洪阿命水师提督王得禄（嘉义人）共同防御，于各口岸严密设防，为此在台湾南、北各地建17处海防炮台，基隆便选定在二沙湾山上建造炮台，设大小炮墩8座，炮台城门上悬有"海门天险"的石刻方匾，并派水师守北路沪尾、鸡笼、大安、中港、香山、竹堑（今新竹）各地，南路分守安平、四草、鹿耳门、郭寨港、二鲲鯓、打狗（今高雄）、东港等各要口。时曹谨任淡水厅同知，在英军攻占厦门后，在鸡笼至大安沿线筑防御工事，组织乡勇轮流守望。当年，即有英国船舰出现在鹿耳门外海，结果被清军击退。

道光二十一年（1841年）秋天，英国船舰在基隆外海游弋。来年春天，英国军舰进犯台中大安港，英军远远看见港口已经有守备，立即将军舰驶离，至外海时突然触礁，清军开炮将之击沉，掳获英军、印度兵数十名以及鸦片战争中在镇海、宁波与清军对战时的武器。隔月，英军联合海盗再度来犯，清军依然抵御了入侵，因为这场获胜，清廷晋升姚莹布政使衔、达洪阿提督衔，各赏世袭轻车都尉。这个时期，英国舰队时出时没，游弋在台湾南北。当年 8 月，英军进犯淡水不成，隔几天又思进犯鸡笼港，参将邱镇功调守备许长明、欧阳宝等人防御，淡水同知曹谨委澎湖通判范学恒巡弋沿海，知县王廷干与艋舺县丞宓维康驻守三沙湾炮台，结果英国军舰一入港，清军就展开炮轰，英军舰桅杆中弹而折断，在出外海时触礁沉没，清军又俘获众多英军和佣兵。隔月，又击退了期间转向草乌等地侵犯南部各港口的英军。经过了这几次的战斗，英国军队自此不敢进犯台湾。

中英《南京条约》签订后，英国要求换回在台湾几次会战的俘虏，但是先前所掳获的英国印度籍佣兵早已经处决，只能将英国籍军人释放，获知这个消息，英领事璞鼎查大肆批评台湾镇道妄杀遭难兵民，有关签订中英合约的官员和福建地方防守不利的官员，害怕影响到他们，也纷纷展开批评。钦差大臣耆英就根据前总督苏廷玉、提督李廷钰二人的家信，弹劾姚莹，治罪达洪阿。又经过查核，确定两人谎报军情以领军功，其实这是清廷为了姑息英国人的一个手段。后将两人押解到京城，结果民心悲愤抗议四起，反而姚、达两人以好言劝解民众，再者，台湾也换了新提督，台湾百姓就向官府申诉此事，其实自始至终清廷都明白这是一件冤案，旋起用两人。道光二十八年（1848 年），兵备道徐宗干著《防夷之书》颁发，台湾正式订立了禁烟公约。

第二节　牡丹社事件

同治十年（1871 年），当时是琉球国第二尚氏王朝，两艘琉球国宫古岛向首都那霸王府上缴年贡的船，载着宫古岛和八重山的人，在回航时遭遇台风，其中一艘漂流至台湾东南部八瑶湾（今屏东满州乡九棚湾），船上 69 名乘客溺死 3 人，有 66 人登陆。66 人进入排湾人牡丹社之地盘，几天后遇上两个汉人，但这两个人不怀好意，使得这些遇难琉球船员四处乱窜，遇上了排湾人高士佛社人，高士佛社人好心收留他们，排湾人的习惯是一起喝了酒就是朋友，否则就是敌人。但因双方语言不通及文化差异，让琉球人因害怕而偷偷跑离高士佛社。高士佛社人本想打完猎后回部落一起喝酒，结果发现琉球人已逃走，就认定他们应该是海盗，再加上害怕琉球人知道部落的位置后会派兵攻打部落，他们追上那群已经转而求救于汉人家庭的琉球人，将其杀害，还有 12 人幸运逃出，继续由几位居民保护，与排湾人交涉并且献上布、猪、牛、酒等物品才得脱险。逃过一劫的其余 12 人则在当地汉人保护下前往台湾府，由清政府官员安排转往福州琉球馆乘船归国，整个经过史称"八瑶湾事件"。

同治十一年（1872 年），日本政府单方面设置琉球藩，册封琉球王尚泰为其藩主，再同时向各国公使申明琉球已归日本。同治十二年（1873 年），日本派外务卿赴北京会见吏部尚书毛昶熙，为事件交涉。最后谈判破裂，日方开始准备向台湾出兵。

谈判使臣回到日本后，日本明治天皇先向外界预先公告军事行动，准备对台湾出兵"讨伐藩人"，并事先派员来台调查。但在出兵前夕，受到英美等国的反对，日本政府迫于外交压力决定停止此次行动。但日本军方以"已经准备妥当"为由拒不受命，断然率领 3600 名官兵搭乘高砂舰前往台湾。

同治十三年（1874 年）日军从琅峤湾（今屏东县车城乡射寮村）登陆，但是清军并无太大抵抗，使得日军顺利上岸。此后，日军开始进攻牡丹社。日军推进的同时，与排湾人发生了数次的接触战，大多小规模，互有伤亡，但是日军以优势军力让大多排湾人皆靠向日本。日军沿途如遇抵抗就烧毁村庄，大量屠杀。

不过台湾屏东车城乡这个地方地形险恶、山路狭隘，重装备派不上场，补给困难，排湾人并不投降仍据深谷频出狙击，因此日军陷入进退两难的窘境，虽然战死者仅 12 人，但是病死则高达 561 人，已损失原攻台兵力的六分之一，最后只得考虑退军。日军因病死者比战死者还多十倍，加上耗费的军费，本应立即退军，但是日本先与清廷交涉，改以外交途径解决。

日方谈判大臣在北京与中国官员往来辩论，但日方总以"生番不隶中国版图"为由无理抗辩。而清廷方面派总理船政大臣沈葆桢为钦差大臣，调派淮军十三营 6500 人、福建水师赴台，同时在国际上英美两国亦不支持日本。双方在北京前后谈判 7 次，但是最后中方并没有得到任何实质的利益，基本上还是息事宁人的心态，两国在同治十三年（1874 年）10 月 31 日签订的北京专约，其约共有三条：

一、日本国此次所办，原为保民义举，清国不指为不是。

二、前次遇害难民之家，清国许给抚恤银十万两。而日本在番地修道建房等件，清国愿留自用，先行议定筹补银四十万两。

三、凡此次往来公文，彼此撤回注销，作为罢论。该地生番，清国自行设法，妥为约束。

专约里中方不言赔偿兵费，折成 10 万两的"抚恤"金，加上 40 万两的"筹补"向日方购买台湾屏东日方建设的道路房屋。不过因条约中有日本出兵是"保民义举"字句，日本据此认定中国不否认琉球是日本的属地，继续令琉球终止向中国朝贡。最后在光绪五年（1879 年）迫使琉球国王尚泰移住东京，派军警进驻琉球，废止琉球藩改设冲绳县，琉球国到这个时候已经实质亡国。

之后清政府对琉球宗主权向日本提出抗议，光绪六年（1880年），在美国总统出面调解之下，日本提议将琉球群岛以北归日本，南边的宫古、八重山岛属清；清则提出北边的奄美群岛归日本，中间的琉球群岛归琉球国，南边的八重山群岛归中国，但是最后并未成案，随着光绪二十一年（1895 年）中日甲午战争战败，清政府完全失去了对琉球的发言权。

第三节　中法战争在台湾

林朝栋，彰化阿罩雾（今台中雾峰）人，其父林文察镇压太平天国运动，后在漳州战死。身为少保长子，林朝栋自幼习武，爱读兵书，少时因练功伤一目，人称"目仔少爷"，因为其父林文察有功于朝廷，林朝栋世袭了云骑尉之衔，留在家乡等待任用。光绪十年（1884 年），中法战争前夕，福建巡抚岑毓英向办理台湾防务的钦差大臣刘铭传举荐了林朝栋。

光绪七年（1881 年），法国海军中将孤拔率领的法国远东舰队占领了越南都城顺化，1883 年底，孤拔再次率领法军进攻驻扎在红河三角洲的清军，此为中法战争的直接导火线。在此之前，法国海军已经击败了福建水师，法军炸毁福州马尾军港之后，挥师东进先占领澎湖，进逼台湾本岛北部外海，准备袭击台湾，夺占基隆港，攫取当地煤矿，法军准备以一部进攻基隆，一部窥视沪尾（今淡水）。

刘铭传当即令从阿罩雾赶到基隆前线的林朝栋五百精壮栋军，奔赴基隆暖暖地区。刘铭传看到法军将兵力集中于基隆外海，毅然决定退出海边平坦地带，在市区周边的山地布防。于是，法军十分平顺地在基隆港登陆，千余法军由狮球岭环攻进逼林朝栋，林朝栋奋战十几个小时，终于将击退法军第一波进攻。后法军转战突袭暖暖河对岸的月眉山，围困山区的守军，林朝栋率军突围后，月眉山这座当地最险要的阵地被法军夺占，经过清军激战，终于将这座高地重新夺回。后栋军在月眉山上构筑堡垒，法军在山脚挖掘堑壕，双方持续在山区僵持。数天之后林朝栋突袭尚未完备工事的法军，法军终不敌而撤退。

刘铭传在基隆取得胜利后，仅留林朝栋的五百栋军驻守进入台北的要冲基隆狮球岭，继续抵挡法国人的进攻。在其后近半年，栋军在狮球岭月眉山一线与法军反复拼杀。光绪十一年（1885年）3月，法军突然截断清军防线攻占月眉山顶，以大炮轰击林朝栋阵地。在溃退之际林朝栋夫人杨水萍率家丁、用人等义军杀到，栋军一时士气大振击败了法军。此后，直到同年6月，法军撤离台湾，林朝栋与清军一起牢牢守住了防线。林朝栋夫人杨水萍也因抗法有功而被朝廷封为"一品夫人"。

战后刘铭传亲写奏章替林朝栋向朝廷邀功请赏，奏折中写道："林朝栋为殉难福建提督林文察之子，忠荩之裔，久孚物望；今复自筹资饷，带勇五百人，经臣派驻暖暖，统率各团土勇，甫临大敌，即能督战有功，实属忠义勇敢。"林朝栋加封了二品官，并赏了顶戴花翎，赏穿黄马褂，这也是台湾唯一个以道员身份受赐黄马褂的人。

林朝栋统领台湾地方兵勇组成的栋军，除了参与中法战争外，还参与施九缎事件等大小战役，受到刘铭传重用，栋军成为清军的正规部队，也是当时全台湾最具战斗力的部队。刘铭传设抚垦局，任命林朝栋为局长，使其招抚各处少数民族部落，并开拓荒地。后又给予专卖全福建省（当时包含台湾）樟脑，为了入山垦伐树木经营樟脑业，使林家得以大幅开垦中部山地，林朝栋请设隘勇，粮饷兵械均自给自足，广泛种植樟脑树外销，使家族财富快速累积。后刘铭传再颁授林家垦契，允许林家在台湾中部山林地带及沿海地区招募佃农开垦，另外林家还协助刘铭传在台湾的铁路建设。当时铁路"其轨条虽购之英国，而枕木则皆用台产，故别设伐木局，以统领林朝栋办其事，入山采取"。因此，雾峰林家成为台湾中部最具影响力的家族，全台仅有板桥林家可与之比拟。

第五章　台湾人民的抗日斗争

第一节　乙未之役

"宰相有权能割地，孤臣无力可回天。扁舟去作鸱夷子，回首河山意黯然。卷土重来未可知，江山亦要传人持。成名竖子知多少，海上谁来建义旗？"这是台湾近代爱国士绅丘逢甲《离台诗》中的一首，它充分抒发了作者对昏聩无能的清政府割让台湾、澎湖的强烈愤慨。

甲午战败后，中日签订《马关条约》，台湾、澎湖被清政府割让予日本，台湾人民心有不甘，奋起抵抗日本占领台湾，由此发生战争，因战事发生的年份 1895 年是乙未年而得名乙未之役，该战争是有史以来在台湾本土发生的地域最广、时间最长、参与人数最多、死伤最为严重、规模最大的一次战争。

当时，清廷命台湾大小官员内渡，不过以台湾军务帮办刘永福为首的部分清军将士和地方官员，纷纷表示拒不奉诏，坚守台湾。

接下来 5 个月期间，各地抗日义军纷纷成立"平倭团"与日军对抗，同年 5 月底，日军在台湾北部澳底（现今新北市贡寮区境内）登陆，10 月日军攻下台南城，全台还剩下南部六堆地区的客家军还在跟日军对抗，直至 11 月，六堆客家军于火烧庄（现今屏东县长治乡长兴村）一役决战失利后，乙未战争终告落幕。此战从 1895 年 5 月日军登陆至同年 11 月底火烧庄战役，持续进行了约 5 个多月，造成了台湾 14000 名士兵战死，相对来说日本方面仅有 1436 名的远征军战死，不过在台湾因病致死的日军却高达 4700 名，包含领军的近卫师团陆军中将北白川宫能久亲王。

日军自澳底登陆后，仅花 10 天就进入了台北城，很大的原因是鹿港商人辜显荣助日军开台北城门，不过日军却误判，认为往后战事日方有绝对的武力优势，但是实际上，之后战事却遭到台湾人民义军的顽强抵抗，所以虽然双方的正规军战斗至此已经告一段落，接下来的战事仍然出乎日方意料。而以兵力而言，日本投入包含近卫师团等正规军队共三万七千余名兵力（不含候补兵力及军夫），而台湾方面，台湾人民自发性组成的抗日义军，加上刘永福的黑旗军、唐景崧的广勇等，合计正规军有三万三千余名，陆续加入的民兵亦有约十万名。虽然正规兵力数量相当，但是在军队的装备、后勤上却远远落后于日军，台湾因为有数十万多的义勇民兵，在台湾北部、中部不定时反扑，才让日军挺进侵占台湾的速度减缓了很多，台湾军民足足抵抗了近 6 个月的时间。

首任台湾殖民总督桦山资纪于 11 月 18 日向京都大本营报告："全岛悉予平定。"不过，后续仍有很多零星的对抗游击战在台湾各地发生，尤其少数民族部族的武力抗争，一直持续将近 30 多年，一直到了 1930 年才告终，期间日本殖民当局在台湾以平乱之名，屠杀了 50 多万台湾同胞。

在乙未之役期间，有些台湾人如台北城辜显荣选择和日军合作，或帮日军开路清除台湾反抗力量，例如台北大茶商李春生因所居台北城动荡混乱而引日军入城；头份镇守备林建庸向日军献出新竹城，帮日军开路攻打彰化等。另一方面，也有不少地方人士如以李秉瑞、吴汤兴、胡嘉猷、姜绍祖、徐骧、傅德生、邱国霖、谢天德、黄南球为首的烈士及民勇，选择和日军作战。其中有三场最具关键的战役，第一是八卦山争夺战，这是台湾军民与日军最为激烈的一场战斗，日军付出了惨重代价，才占领了八卦山，1965 年，在彰化八卦山坑子内山发现抗日烈士遗骸 679 具；第二是台南以北的曾文溪防御战，曾文溪失陷，台南成为孤城，刘永福率黑旗军被迫退回大陆，日军控制了台湾岛；第三是最后一场战役，屏东的火烧庄战役，日本确定占领全台。

第二节　简大狮的抗日斗争

简大狮本名简忠诰，年轻时回南靖扫墓祭祖，他身高体壮，对武术很有兴趣，就留下来习武。简大狮力气很大，宗祠门口两只石狮子，一般人都挪不动，他能举起来绕行宗祠一周。众人称他力大过狮，于是改名叫"简大狮"，从此以"简大狮"三字知名。出师后，简大狮开始在漳州、石码、厦门一带街头卖艺，不久渡台回到淡水招徒授艺。

乙未之役，日军侵占台湾，简大狮家人多被日军杀害，于是他散尽家财，募义民千余人，在淡水起义，于 1895 年 12 月底攻打台北城，断台北电话线路，因不敌日军，其后数年又转战于金包里（今新北市金山区）、石门（今新北市石门区）、竹子湖、沪尾（淡水）、三角涌（今新北市三峡区）等地，再因众寡不敌，败退回大屯山中，率众一千余人在山区一带抗日。后四处游击于金包里、石门等地，与日军打游击战。1897 年，简大狮一度占领台北奎府街，后败退至大屯山中。1898 年，简大狮率部先后进攻日军磺溪宪兵屯所、日警林口派出所和日军北埔宪兵屯所。两年多内，简大狮在台湾北部各处游击战，但终因装备与粮饷都不足，难以有突破性的发展。

1898 年 8 月，简大狮迫于形势，向台北县知事村上义雄提出投降请愿书，愿率领部众归顺，之后殖民当局民政长官后藤新平还亲自出席芝山岩举行的归顺典礼。归顺后简大狮暂从事士林往金包里之道路工程，但是仅仅经过一个多月，简大狮自知归顺是错误的，同年底再度在芝兰堡烧坑寮计划进行武装抗日。日本警察得到密告，于简大狮再度起义的前一日进攻，简大狮义民军惨败，又再度进入大屯山山区。此时，后藤新平想再与简大狮谈判，但遭拒，总督府便发起总攻，简大狮的抗日军几乎全灭。

简大狮渡海逃亡至厦门，但是在厦门又再度兴起抗日之意志，日本当时在福建的势力颇大，因而福建道台严加搜索，简大狮就逃回了漳州南靖县老家。台湾殖民总督儿玉源太郎得知此事，向清廷表示，"根据 1895 年《马关条约》第五条，两年内尚未迁出台湾岛的人民即视为日本臣民"，日本即要求清廷官方逮捕简大狮，最后在清政府、台湾殖民总督府联合下将之逮捕。简大狮对于清廷助日而被捕一事，非常不甘心。光绪二十六年（1900 年）初，简大狮对清政府提出答辩书，表达其宁愿被清朝处死之愿：

"我简大狮，系台湾清国之民。皇上不得已以台地割畀日人，日人无礼，屡次至某家寻衅，且被奸淫妻女；我妻死之、我妹死之、我嫂与母死之，一家十余口仅存子侄数人，又被杀死。因念此仇不共戴天，曾聚众万余以与日人为难。然仇者皆系日人，并未毒及清人；故日人虽目我为土匪，而清人则应目我为义民。况自台湾归日，大小官员内渡一空，无人敢出首创义；惟我一介小民，犹能聚众万余，血战百次，自谓无负于清。去年大势既败，逃窜至漳，犹是归化清朝，愿为子民。漳州道、府既为清朝官员，理应保护清朝百姓。然今事已至此，空言无补！惟望开恩，将予杖毙，生为大清之民，死作大清之鬼，犹感大德！千万勿交日人，死亦不能瞑目。"

但是，清廷还是在当年 3 月将他押回台湾，他在台北监狱的时候，曾经提出再度归顺的请求，但日本人不愿理会，没隔几天就在台北监狱被处以绞刑。清末进士钱振锽赋诗挽之：“痛绝英雄沥血时，海潮山涌泣蛟螭。他年国史传忠义，莫忘台湾简大狮。”

第三节　西来庵事件

虽然日本方面于1895年11月18日宣布已平定台湾，但台湾各地方的武装冲突仍然频繁。到了1900年，少数民族仍不受管辖，台湾殖民总督府大规模入侵少数民族区域，与赛德克人、太鲁阁人、泰雅人、布农人、阿美人、鲁凯人、西拉雅人都爆发过好几场武力冲突。有些部落归降之后，没过几年又再起义。其中规模最大、牺牲人数最多的武力冲突事件是1915年西拉雅人在甲仙埔地区发起的“礁吧哖事件”；而最有名的是1930年“一等模范番地”赛德克人雾社群十二社中的六社发起的“雾社事件”。布农人大分社在1933年与日本殖民当局和解，是“最后未归顺番”。

西来庵事件又称为噍吧哖事件，在1915年，由余清芳等人在台南西来庵五福王爷庙策划起义，与日军在噍吧哖（今台南市玉井区）交战，故又称余清芳事件、玉井事件，也是台湾汉族与少数民族双方联合的一次重要大规模武力抗日事件。此事件中有数百人战死，数千人罹难，因牵涉这次事件而遭受逮捕、判刑的人，遍布全台各地，但是绝大部分的人是住在台南和高雄山区。根据台湾省文献委员会《余清芳抗日革命案全档》的资料，千余名事件参与者中，有90％是农民，但这些农民不全是佃农，也包括自由农和地主，甚至还有保正和甲长。大部分参与者为20到50岁。

余清芳光绪五年（1879年）出生于台湾府恒春县阿猴街（今屏东县屏东市），幼迁居凤山县。小时候曾于私塾就学，习四书五经。他从 20 岁考选为台南警员之后的五年间，每个公务的工作都做不到几个月就离职，经常频繁地换工作。此后余清芳投入斋教活动，出入各地斋堂。1908 年因在传播斋教过程中鼓吹信徒反日，又参加了抗日团体，遭捕入狱关押三年。在晃荡了几年后，参与了台南西来庵扶乩活动，开始以台湾民间信仰的王爷为号召，募蓄教众抗日。余清芳允诺信徒，革命成功后，党徒可以均分土地，加上使用一些民间迷信的手段，一时声势非常浩大。

1915 年，余清芳利用宗教，假借神佛之名义来宣扬其抗日主张，宣传台湾已经出现"神主"要将日本人赶走，乃密谋组"大明慈悲国"，并以宗教神秘色彩来取信于信徒，宣称日本据台 20 年，气数已尽，他受到王爷神明指示，担任"主帅"，更宣称祖国以后会派大军来支援。他们原定在 8 月起事，但其实 5 月底就已经被日本警察所觉察了，所以还未发动攻势就有同伴被捕，所以从 7 月初开始，余清芳提早发动了一连串的攻击事件，烧毁许多派出所，杀死数十名日本和台湾警民。8 月初，日本警察和军队反攻，日军台南守备队步兵、炮兵与宪兵倾巢而出，双方在噍吧哖虎头山兵锋交接，余清芳等人不敌日军的机关枪和大炮，死伤惨重。日方军警随后在附近村庄，以及余清芳等人逃亡藏匿的山区进行大规模的搜捕行动，烧毁许多民房，并有一些百姓遭到报复性的杀害。最后在王莱庄（今台南市楠西区）乡人设宴款待余清芳时，将余清芳绑缚送交日军，在 9 月 23 日被处以死刑。

1915 年的礁吧哖事件与 1930 年的雾社事件相比较，日本官吏、警员及眷属的死亡人数，噍吧哖事件不及雾社事件之多，但就事件的持续时间、动员人数、被捕及被判刑人数、死亡人数等方面，噍吧哖事件皆较雾社事件为多，规模也更大。日本殖民当局设置了台南临时法庭，前后约两年的时间里，有 1957 名台湾人被逮捕，被判死刑者 866 人、有期徒刑 453 名。实际上被处以死刑者有 135 人，亦有接近 300 人则死于监狱之中，其余死刑犯改判无期徒刑。

西来庵事件使台湾人认识到军事实力的悬殊，武装抗日起义举动不可行，民众开始以和平方式争取民主与自治，从此，抗日行动从武装暴力转型为社会运动与有政治诉求的文化运动，而西来庵事件也是台湾人有纪录以来最后一次武装抗日。

1977 年台南县于南化设立"噍吧哖起义抗日烈士纪念碑"，在玉井虎头山立"抗日烈士余清芳纪念碑"。台南民间也有私设"西来庵噍吧哖纪念"的宫庙。2015 年台南市整修玉井糖厂招待所等木造老屋，将其规划成"噍吧哖事件纪念园区"。

第四节　林献堂与蒋渭水

一、　林献堂

雾峰林家自林奠国、林定邦后分家，前者为"顶厝"，后者为"下厝"。林家发展初期主要由"下厝"系发挥其影响力，以军功发迹，代表人物是林文察、林文明、林朝栋、林祖密；后期"顶厝"系逐渐发迹，擅长经商并以艺文、社会运动知名，代表人物是林文钦、林献堂及其堂兄弟。

林献堂 1881 年出生于雾峰，出生时是雾峰林家最鼎盛的时期，其家族经营逐渐转向文治，其父林文钦决心不涉政治，专心经营樟脑外销事业，46 岁病逝在香港。因在顶厝系同辈中排行第三，故乡人尊称为"三少爷"或"三老爷"。林献堂终身以文化对抗日本殖民当局，由于台湾人武装抗日屡战屡败，加上受到梁启超的启发，奠定了林献堂的抗日路线，他一生不说日语，不穿和服，不穿木屐。台湾光复后，因反对三七五减租和征收余粮，与台湾国民党当局意见不合，避居日本。林献堂自幼在自宅的"蓉镜斋"私塾接受传统教育，深受儒家思想熏陶。

1895 年，台湾被日本侵占，下厝系林朝栋决定内渡后，林献堂正式承继家业，接手经营家族制糖及制樟脑的产业。

1907 年林赴日巧遇梁启超，会面之时，由于闽南话和广东话不甚沟通，乃兼以笔谈，梁初落笔即为"本是同根，今成异国，沧桑之感，谅有同情……今夜之遇，诚非偶然……"林献堂向梁痛陈日本殖民当局统治的暴虐，谈及台湾人所受之不平等待遇，以及请他指示台胞如何争取自由平等。梁启超以"丈夫未死未可料"鼓励他，梁认为"三十年内，中国绝无能力可以救援你们"，台胞武力反抗，徒增无谓牺牲，宜仿效爱尔兰对付英国的手段，"勾结英朝野，渐得放松压力，继而获得参政权"。

1911 年，林献堂邀请梁启超访台，梁启超下榻莱园五桂楼，五天内讨论了政治、经济、文化、教育与民族运动等诸多问题，他劝说林献堂、林幼春叔侄，不可"以文人终身"，须努力研究政治、经济、社会、思想等学问，并开列东西书籍约达两百种供参考研读。鉴于梁启超指引其采行非暴力的民族运动，并对其思想、学问有所启发，林献堂在 1913 年至祖国大陆调研从封建政体转变为民主共和国的状况。

1914 年，林献堂在台北成立"同化会"，以文化之名争取台湾人平等待遇，会员最多达三千多人，1915 年，日本政府以"妨害公安"之名解散该会。1918 年，林献堂领导留日台籍学生，向日本政府争取撤销《六三法》，该法赋予"台湾总督"律令制定的权利，用以压迫台湾人民。1921 年，蒋渭水成立"台湾文化协会"，与会人士公推林献堂为总理，"文协"着重于文化、思想的启蒙，不过随即遭台湾殖民总督府下令打压，如直接或间接与文协有联系，或表现出同情或接近的言行，皆被迫离开日资企业，殖民当局亦积极阻挠或监视集会演说。为了打破日本人及御用绅士控制银行、信托、保险等金融业的状况，林献堂等人在 1927 年筹设"大东信托株式会社"，即今台湾"华南银行"的前身，当时林献堂出任董事长，陈炘担任总经理。

因左右派之争，文协在 1927 年正式分裂，进而演变为新文化协会（左派）与台湾民众党（右派）相互对立的局面，但是林献堂两派活动皆不参与，失望之余，在当年离开台湾环球旅游去了，之后的 378 天，他游历考察欧美各国政治、经济、文化的状况，将所见所闻以《环球一周游记》在《台湾民报》连载，共刊载 152 回，后著有《环球游记》一书。

文协的分裂，加上"皇民化运动"的打压，全 1935 年，台湾的政治社会运动终告沉寂。1936 年 3 月，林献堂参加"华南考察团"前往厦门、上海等地游历，林在上海宴会上致辞时，讲了一句"今天回到祖国"，被日本间谍举报，日军部授意一名日本流氓当众臭骂林献堂，扇了他一巴掌。1937 年，林因被军警不断找麻烦而离台避居东京。

1945 年，台湾光复，林献堂代表台湾人民前往南京参加受降典礼，并发表讲话，"永不愿再见到有破碎的国家，分裂的民族"。1946 年，林献堂当选为第一届台湾省参议会议员。1956 年，林献堂病逝于东京，享年 74 岁。

二、 蒋渭水

蒋渭水（1891—1931 年），台湾宜兰出生，父亲在宜兰地区从事命相，蒋渭水曾经做过乩童，幼年进入私塾，接受秀才张镜光的传统教育，在汉文化的熏陶下，产生了民族的认同感。他一直到 20 岁才正式进入了公学校就读，随后考取了"台湾总督府医学校"（今台大医学院前身）。在医校时代，蒋渭水领导校内外从事抗日活动。

1911 年，辛亥革命成功，与孙中山同样身为医生，蒋渭水原有的民族意识更为热烈，他发动台湾民众捐款，支持革命。1912 年，蒋渭水加入中国同盟会台湾分会，当时还有杜聪明、翁俊明等学长相继加入。1915 年，蒋渭水以总平均第 2 名的成绩毕业。次年他在台北市大稻埕太平町开设"大安医院"。1921 年，又在大稻埕开始经营春风得意楼，常邀医师、学生与社会运动人士讨论台湾时政。后认识了大他十岁的林献堂，从此更积极地参加政治活动。

1921 年，蒋渭水以"谋台湾文化之向上……切磋道德之真髓，图教育之振兴，奖励体育、涵养艺术趣味"为旨趣，在台北大稻埕静修女子学校成立"台湾文化协会"，其会员有 50 人。蒋渭水在文化协会第一期会报中就写下十分著名的《临床讲义》，对台湾做了诊断，判断台湾因为受到清政府错误政策影响导致"智识的营养不足"，他提出五大治疗方针：正规学校教育、补习教育、幼儿园、图书馆、读报社，必须大量服用，才可能在二十年内根治病灶。台湾文化协会积极在全岛各地举办讲习会、读报社、夏令营，讲述历史、经济、法律、卫生等新知，启蒙人民思想。此外也通过艺术活动，如举办剧团展演、电影巡回展映，深化并丰富人民智识。

1923 年，蒋渭水与林献堂成立"台湾议会期成同盟会"，但未满一个月即被禁止，但台湾议会请愿委员蒋渭水等人赴日于东京成立"同盟会"，并在东京发行《台湾民报》，为台湾人民在政治与社会运动上争取权利而发声。不过，该报经常被扣报或禁止发行，并且多名同盟会会员遭逮捕。同年蒋还以"台湾议会期成同盟会"名义，持旗向日本裕仁太子请愿，之后被以治警事件遭判刑 4 个月，为台湾人因政治请愿被拘禁的第一人，之后一生受拘捕、囚禁达十余次。

1927 年，蒋渭水、林献堂、蔡培火等人在台中聚英楼正式成立"台湾民众党"。蒋又于 1928 年筹组"台湾工友总联盟"，与台湾农民联合进行阶级斗争。之后台湾民众党内发生了多次的政党路线分歧，最终在 1931 年被殖民当局逼迫解散。至此殖民当局视蒋渭水为眼中钉，一开始只有 2 名特务坐镇监视他，到民众党解散后，又增派 4 名特务，至 1931 年蒋渭水葬礼时，派出多达

80 名警吏。

2015 年，蒋渭水从台北迁葬至故乡宜兰，台北市、宜兰县及蒋渭水文化纪念基金会共同举办系列纪念活动，并将安葬处定名为"渭水之丘"。

第六章　甲午之变后台胞来厦

自简大狮抗日到噍吧哖事件，台湾南、北部的武装抗日相继失败，以致各地的抗日义民军领袖、骁将纷纷逃亡大陆，并以厦门为基地策动支持岛内的武装抗日。日本殖民当局对台湾人逃到厦门十分重视，并依据实际反日情形分为两种人物，一种是坚决抗日的台湾人，如简大狮等人，他们从事收集武器、联络外部势力、派人往返厦门与台北间策动或支持岛内的武装抗日。另外一种人物，是到达大陆的上层士绅阶级，如林朝栋。

第一节　板桥林家与厦门鼓浪屿

甲午战争清朝政府战败，被迫割让台湾，林维源携眷离开台湾前往厦门鼓浪屿定居，之后台湾民政长官后藤新平曾亲赴厦门威胁利诱林维源父子回台，但未果。

板桥林家花园多在林维源手中完成，林维源之子林尔嘉 21 岁随父亲抵厦，因从小就生活在林家花园，对其记忆印象非常深刻。光绪三十一年（1905 年），林维源去世，林尔嘉继承父业。他决定选址建造一座花园，寄托对板桥花园以及台湾的思念。1913 年，选址确定后，决定以其字叔臧，取其谐音"菽庄"为该庄园命名，也是"稻菽主人庄园"寓意，这即是"菽庄花园"之名的由来，门头菽庄二字是当时的大总统徐世昌题写的，润笔费给了 1 万银元。其庄园主要是为接待贵宾，供菽庄吟社友人及自家人休养用，园中的四十四桥因修建时林尔嘉 44 岁而得名。

林尔嘉在厦时期活跃于政商界，1904 年任厦门商务总会总经理，参与筹建厦门博爱医院，在鼓浪屿乌埭路创办华侨女子学校，当时厦门是通商口岸，凡是地方治安及商民一切正常权利，他莫不竭力维护，革除陋规苛例，方便华侨商旅，推动厦门的对外贸易。1905 年，福建欲在厦门兴建省内第一条铁路——漳厦铁路，筹组 "商办福建全省铁路有限公司"，由内阁学士陈宝琛主其事，林尔嘉是铁路公司的大股东之一，且实际参与工程的具体事务。1907 年，厦门商务总会兴办电器通用公司，林尔嘉即投资 30 万银元用以完成在厦门安装电灯、电话的工作。林尔嘉对家乡也是乐善好施，不落人后，1908 年，龙溪、南靖两县水灾，倒塌民房 1000 多间，伤亡 200 多人，林尔嘉即以商会之名向海外募银 10 万多元、大米 1000 多包，资助兴修堤坝。林尔嘉更是忧国忧民，1910 年慨然捐献 40 万银元，协助清政府增置舰艇。1912 年中华民国成立，林尔嘉被推举为参议院候补委员。

1945 年抗战胜利后，林尔嘉返回台湾，1951 年在台湾逝世，享寿 77 岁。1956 年，林尔嘉的亲人把花园献给国家，辟为景点，现为钢琴博物馆、蛇岭花苑，也恢复了林叔臧的铜像，建起了海滨廊道及知音广场。林尔嘉晚年在台湾板桥林家，与台湾社会名流、文人诗歌唱酬，安度晚年。

林鹤寿，字兵爪，板桥林本源家族第三房维德（林维源弟）之次子，光绪二十年（1894 年）生。同样在板桥林家宅院成长，亦附庸风雅，喜会能文通艺之士。不但如此，林鹤寿在 20 岁就当上林本源制糖会社社长，精通英、日双语，有经商才能，林维源去世后，许多家族经济事务都交由三房掌管，林鹤寿是三房之长后，花费阔绰。

林鹤寿同样于 1895 年《马关条约》签订后随家族移居厦门

鼓浪屿，他继承祖业后一心要在鼓浪屿上盖一幢大别墅，要求在别墅天台上能看到整个鼓浪屿和厦门市区，誓要超过鼓浪屿上的所有别墅。他不惜重金，向英属和记洋行买了鼓浪屿笔架山东北隅约 10000 多平方米的山坡地，作为建筑基地。并请鼓浪屿救世医院（原第二医院）院长、美籍荷兰人郁约翰设计规划，因林鹤寿曾在救世医院建院时捐助过 1000 银元，郁约翰就以无偿设计作为回报。这栋大别墅名为八卦楼，视野极宽广，厦鼓全景尽收眼底，从厦门本岛上远观八卦楼，其红色圆顶仿佛是天际线上的一颗红宝石，今为鼓浪屿最著名的地标之一。

但没想到的是，他所要求的建筑材料必须特别加工或订造，市面上根本买不到。林鹤寿虽然继承祖上庞大家业，自己又在厦门经营钱庄，但是在开工以后，问题多多，很快就资金不继。林鹤寿不甘心，为保证八卦楼能够建成，专程赶至台湾变卖土地家产，或是以钱庄担保，用以继续支付八卦楼的建筑经费。但仍时断时续，苦撑至 1920 年，由于工程资金超支，林家资产被大楼拖垮，经过 13 年的施工竟未能全部建成，最后还是因资金问题而宣告破产。

林鹤寿因而离开厦门，终生未回鼓浪屿，所起之楼却一天未曾享受过，也没有机会看到完工的那天。留下的八卦楼工程不但内部未能完工，甚至屋顶也未能完成。

1922 年，林鹤寿回到台湾，与普霖等友人在板桥别墅的方鉴斋设"寄鸿吟社"，与文士名流唱和不间，过着颇为气派的生活，他们的酬唱，难免会涉及割台之痛，这引来日本殖民统治者的干预，因而寄鸿吟社诸君远走以趋避。另外家族的许多经济事务由他经管，但他出手大方，花钱阔绰，招致家族内部的不满。最后林鹤寿也只能离开台湾，在上海设立了"鹤木公司"，但还是过着阔绰的生活，最终不知去向。今板桥第二公墓的林氏家族墓园有林鹤寿的墓，墓碑上的卒年为 1937 年，享年 43 岁。

1983 年，八卦楼被选址作为厦门市博物馆；1988 年 5 月 5 日，厦门市博物馆开馆；2006 年，厦门市博物馆搬至厦门市文化艺术中心；八卦楼改为厦门市风琴博物馆[①]。

第二节 雾峰林家林朝栋、林祖密父子的抗日行动

甲午战争期间，林朝栋奉台湾巡抚邵友濂之命，率领四营镇守中法战争中屡获捷报的狮球岭炮台。当《马关条约》此一丧权辱国条约签订后，林朝栋不愿臣服，他将家眷送至厦门，只身留台筹划迎战事宜，欲与日军决一死战。当时台北在战略地位最为重要，驻军、存粮都很充足，而且由台湾巡抚唐景嵩亲守，加上狮球岭为攻掠台北必由之路，由林朝栋率栋军扼守此地势险之地，本来大有可为，可惜唐景嵩偏倚亲军广西乡勇，将栋军调回台中。队伍离开基隆，行至新竹，日军已登陆澳底，此时才急令林朝栋回援，但为时已晚。基隆沦陷、台北失守、唐景嵩卷款潜逃，使形势急转直下。这时清政府却命令所有官员撤出台湾，林朝栋奉旨内渡后，带着满腔的遗憾支付银饷后独自西渡厦门，后未能再踏足台湾。但手下八营兵力并未解散，投身台北、台中战场，成为台湾抵抗日军的主力之一。

林朝栋在大陆期间曾经两度奉旨晋见皇帝，后再建军仍作"栋军"。1899 年林朝栋辞官返回厦门经营樟脑事业。但他还是心系台湾，据传林避居厦门时，整天坐在大厅里哀叹。1902 年转往上海居住，1903 年在上海病逝，终年 53 岁，身后葬在漳州香亭坂。

林祖密为林朝栋第三子，清光绪四年（1878 年）生于台中雾峰，本名资铿，1913 年复籍中国后，才改名祖密。林祖密出生

---

①部分内容参考鼓浪屿世界遗产官网（http://www.glysyw.com/）。

时，其母杨水萍还在带领雾峰义军，支持被法军围困于基隆山区的林朝栋军队，林祖密从 12 岁开始跟随父亲南征北讨，因此有着尚武的个性。

乙未割台，林朝栋遵旨率家内渡，当时林家已经拥有了10000 公顷水田、20000 公顷山地，时年 18 岁的林祖密被派回台入籍治产。不过林祖密却一方面管理家产，一方面资助"栋军"旧部抗日。光绪三十年（1904 年），父亲林朝栋逝世，林祖密就有离开台湾回到祖国大陆的打算，时任台湾殖民总督的儿玉源太郎召见他，希望林祖密像台湾其他乡绅一样留下来，但是目睹日本对台湾人民的残暴行为，毅然决然在 2 年后以清世袭骑都尉身份返回大陆。

林祖密返回大陆后积极响应孙中山的革命事业。广东惠州起义前夕，孙中山赴台北指挥坐镇，并以林在台北的寓所作为惠州起义的总指挥处。在辛亥革命中，他也慷慨捐款给福州革命军，参与福建光复之役。民国初年，台湾的简大狮、罗福星与余清芳等人的抗日武装行动，孙中山在南方的二次革命，林祖密都不惜变卖台湾所余家产以支持。

1913 年，林祖密将雾峰林家产业交给了顶厝家系后，举家迁往厦门鼓浪屿居住，并主动到鼓浪屿的日本驻厦门领事馆注销日本籍，同时呈请北京国民政府内务部准予恢复中国国籍，后获内务部发给的"许字第一号"复籍执照，这也成为辛亥革命以后第一个恢复中国国籍的台湾同胞。为此，林祖密在台湾的产业或被没收或被日本人低价收购，所遗资产不及原来的一成。

1915 年，孙中山敦促林祖密参加反袁世凯运动，他因此加入中华革命党，次年，袁世凯称帝，林祖密乃愤然捐资助闽南护法、靖国两支军队，并分派同志赴各地招编民军。1918 年由孙中山任命为"闽南军司令"，不过其闽南军遭陈炯明解散，改任护法军政府粤军第二队司令，孙中山旋授予陆军少将衔，在陈炯明

厦门鼓浪屿林祖密故居

叛变的前一年，孙中山开始北伐，林祖密被调任为孙中山的侍从武官。

林祖密因陈炯明叛变事件而暂时退居鼓浪屿，他改为投入实业，力图以实业助力国家实现自强。不料在 1925 年，林祖密被驻扎漳州的孙传芳部下张毅诱捕，乘暗夜枪杀于和尚山，享年 48 岁。林祖密被杀害之后，他的长子林正熊回到鼓浪屿招兵买马成立游击队准备为父报仇。最终在 2 年后，将张毅枪毙于今广州中山公园。林祖密的五子林正亨也不遑多让，他在抗日战争中加入中国远征军进入缅甸，1946 年，林正亨秘密加入中国共产党被台湾当局逮捕，于 1950 年被处决。

在林正亨生前奔走请求下，1947 年国民政府给林祖密表扬，谓林祖密"早岁志图恢复，参加革命，筹饷输财，不遗余力，在闽襄佐军事，具著勋勤，响应北伐，中道被害，轸惜良深"。丘念台 1944 年为林祖密写传，言"革命不难，舍富贵而革命为难，舍富贵而革命不难，能审国族，辨忠节而舍富贵尤难，台湾林祖密者，盖能此尤难也"。总结三代人，林文察讨伐太平天国战死万松关，林朝栋义助刘铭传打赢清法战争，林祖密为孙中山革命而殉身。

林祖密因受少将衔故，厦门府邸"宫保第"也被称为"将军府"，林祖密将自己的宫保第当成中华革命党的基地，为许多同志提供栖身之所。无独有偶，与鼓浪屿宫保第一样，如今台湾雾峰林宅的"宫保第"也成为了观光景点。在台湾，宫保第是现存最庞大、最精致的古建筑群。

第三节　李友邦与台湾义勇队

李友邦（1906—1952 年），祖籍福建泉州府同安县，生于今新北市芦洲区，是著名的台籍抗日将领。

1895 年《马关条约》签订台湾被割让日本之际，李家先祖当时在朝为官，因不满清廷丧权辱国之举而解甲归田，因此在家族的熏陶下，李友邦自幼就有很强烈的民族意识。

李友邦在 1922 年进入台北师范学校（现台北教育大学）就读，与林木顺为同学。在学时就参与台湾文化协会策动的学运，为的是反抗日本对台湾的殖民统治与对台湾人的不平等待遇。就学两年后，他与同学林木顺等同学两度袭击台北新起警察派出所而被学校退学，更遭到日本警方的通缉。当时李友邦认为要收复台湾就必须要先壮大祖国，所以他决定潜逃高雄辗转前往广州，目标是加入军队服役，最后进入了黄埔军校第二期，并加入了国民党，那时他仅是个 18 岁的小伙子，但是就受到孙中山的关照，曾指定廖仲恺当他的中文老师。

1932 年，李友邦被国民党视为左派而逮捕入狱，在狱中右脚被拷打而终身残疾。一直到 1936 年西安事变后，他才被释放出来。因国共第二次合作的关系，李友邦获国民政府军事委员会政治部批准，1939 年在浙江金华正式成立"台湾义勇队"，李友邦为队长，这也是台湾人参加对日抗战的第一个武装队伍，口号是"保卫祖国，收复台湾"，李友邦号召散居在祖国大陆各地的台湾同胞共同抗日。来年李友邦也晋升少将（战后升至中将），规模从一开始的 42 人，增加到 700 多人。1941 年李友邦与浙江杭州女子严秀峰结婚，严秀峰巾帼不让须眉，17 岁就参加对日抗战，在浙江金华从事谍报、游击等工作。

之后李友邦办了两份宣传杂志《台湾先锋》《台湾青年》，又出版《台湾革命丛书》，这个时期李友邦在国民党左派阵营中从事对台工作、抗日运动。1945 年 9 月 4 日，李友邦搭乘美国太平洋舰队司令柯克上将的飞机，携带国旗一面飞抵台湾，将国旗在台北宾馆升起，这是台湾光复后升起的第一面国旗。李友邦以台湾义勇军中将司令头衔率领队员光荣回台。

不过好景不长，1946 年，台湾义勇队遭国民党怀疑而强制解散，1947 年，李友邦被陈仪以"通匪"及"幕后鼓动暴动"等莫须有罪名遭押解至南京关押了 3 个月，严秀峰女士赶赴南京求情，才得以脱身。

1951 年，蒋介石亲自下令将李友邦逮捕下狱。1952 年 4 月22 日，李友邦在狱中重病的状况下，仍由医院以担架将之抬押至台北马场町刑场枪决，年仅 47 岁。

1983 年，严秀峰代表李家将位于今新北市芦洲的祖宅捐出，作为李友邦将军纪念馆，用以宣传李友邦一生抗日的事迹。这座纪念馆前有李友邦夫妇的半身像，基座刻有"复疆"两字，其源于抗战胜利后，李友邦在厦门南普陀寺后山石壁上所题写的"复疆"。每年 10 月 25 日台湾光复纪念日，李家后人都会联合台湾各地的抗日志士亲属，在李宅举办纪念活动。

严秀峰生前曾撰文写道："假使我们能重活一次，我和先夫李友邦仍然愿意把我们的生命，献给伟大的祖国和具有民族血缘的台湾故乡。"她曾赴北京参加纪念中国人民抗日战争胜利 50 周年与 60 周年的座谈会。她曾说道："盼有生之年，在两岸同胞共同努力下，早日实现祖国的和平统一。这是我的心愿，也是包括李友邦将军在内的台湾乡亲的共同心愿。"

第四节　翁俊明、张我军在厦台两地

一、　翁俊明

翁俊明（1893—1943 年），台湾台南人，先祖郑氏时期由广东潮州迁移至台，到他已是第 14 世。其父为秀才，在各处行医济世。翁俊明是第一位加入同盟会的台湾抗日分子。

翁俊明世居台南石门脚，自幼由父亲亲自教导，除了饱读诗书之外，更启发了他民族大义的爱国情怀。翁俊明 18 岁以优异成绩考入日本"台湾总督府医学院"（今台大医学院前身）学习现代医学，与杜聪明为同窗，翌年，蒋渭水亦考入该校。其中同学中王兆培由福建漳州赴台，是中国革命同盟会福州分会会员，翁俊明受他影响宣誓加入同盟会为会员，并被漳州的中国同盟会机关委任为交通委员。之后包括翁俊明、杜聪明、曾广福、苏樵山、蒋渭水、黄调清、王兆培等人都拒绝入日籍。孙中山委派翁俊明为台湾通讯处通讯员，其后因情势恶劣，遂于 1915 年底宣告解散。先前在 1913 年暑假，翁俊明与同学杜聪明共同携带霍乱细菌，赴北京计划毒杀袁世凯，但因警卫森严而无法如愿。

1914 年，翁俊明以第三名、杜聪明以第一名的优异成绩毕业，进入马偕医院实习。1915 年元旦，与台南富绅吴筱霞之长女吴湘苹结婚，并请史学家连雅堂担任司仪，打破旧俗为全台首对举行西式婚礼的新人。翁俊明婚后数月，台南地区发生了西来庵事件，日本军警大量屠杀当地居民，他便举家迁往福建厦门，于当地开设俊明医院行医济世。1929 年，他又回厦门，继续开设俊明医院；翌年，再创立厦门中华医学校，再翌年又创设厦门美术学校。

1937 年卢沟桥事变爆发，翁俊明立即声明脱离日本国籍，后迁居香港。1940 年时，翁俊明受命在香港组成中国国民党台湾党部，并担任第一任主委，翁俊明以"打倒倭寇，收复台湾，归宗祖国，还我自由"为信念，以行医掩护对敌工作，后又再度回到厦门开设医院，以掩护党内同志。1943 年的一个寒冷夜晚，翁俊明在漳州遭人下毒，饮酒后中毒身亡，享年 52 岁。

二、张我军

张我军（1902—1955 年），出生在今新北市板桥区一个清寒的佃户家庭，祖籍福建省漳州府南靖县，为台湾作家，被誉为"台湾新文学的奠基者""台湾文学的清道夫""台湾的胡适"，张我军曾经公开提出"台湾文学属于中国文学的一部分"的观点，那时台湾正处于日本高压殖民统治时期。1925 年 12 月，张我军自费在台北出版处女作《乱都之恋》，这也是台湾新文学史上的第一部新诗集。

1921 年，张我军到新高银行厦门支行工作，开始接触中国传统文化和新文学。1924 年，他回到台湾任《台湾民报》汉文编辑，并加入蒋渭水、翁泽生成立的"台北青年体育会"与"台北青年读书会"，当年张我军在《台湾民报》上发表了《致台湾青年的一封信》，意将把新文学运动引到台湾；同年又发表了《糟糕的台湾文学界》一文，将台湾的旧文学界人士批驳一番。张我军还极力主张台湾必须进行"白话文学的建设"，强调"中国若想有新文学，必须用白话，必须用国语，必须做国语的文学"。1926 年，张我军考入北京私立中国大学国文系，后转入国立北京师范大学国文系；毕业后先后在北京师范大学，北京大学法学院、工学院、文学院以及中国大学外国语学院任教；台湾光复后返回台湾。1955 年，病逝于台北市，享年 53 岁。

1926 年，他在北平拜访过鲁迅，向鲁迅先生赠送了四本《台湾民报》（今存于北京鲁迅博物馆），鲁迅来年在《写在〈劳动问题〉之前》（为另一位台湾青年张秀哲的译本《劳动问题》所写的前言）一文中提道："还记得去年夏天住在北京的时候，遇见张我权君（笔误），听到他说过这样意思的话：'中国人似乎都忘记了台湾了，谁也不大提起。'他是一个台湾的青年。我当时就像受了创痛似的，有点苦楚；但口上却道：'不。'那倒不至于的。只因为本国太破烂，内忧外患，非常之多，自顾不暇了，所以只能将台湾这些事情暂且放下。……但正在困苦中的台湾的青年，却并不将中国的事情暂且放下。他们常希望中国革命的成功，赞助中国的改革，总想尽些力，于中国的现在和将来有所裨益，即使是自己还在做学生。"

比张我军小 9 岁的新竹作家龙瑛宗，与张我军曾经是台湾合作金库银行的同事，在《张我军之死——高举五四火把的先觉者》（此文 1980 年原载于《民众日报》）一文中写道"当时由于日本的殖民政策，我在乡村根本没有办法接触白话文而且也看不懂。迨至一九七五年张先生逝世二十年后，由他的公子张光直博士编纂《张我军文集》问世，我才有机会阅读他的论文。他的论文不多，但觉得他将在故都北平所吸收的新文学思潮，统统搬到台湾这个孤岛来"，"他以纯正的国语描写，观察深刻，不愧为台湾新文学的先锋作品"。

1997 年，台北县政府"为乡里人杰塑像"，在其母校板桥小学立张我军石像，表彰他对台湾新文学运动的贡献。

第七章 闽南文化在台湾

第一节 闽南方言文化

在台湾通行闽南泉漳片方言，台湾人口多来自明清时代的泉州府（44.8％）和漳州府（35.2％），由原乡带来的方言，便随闽南人过台湾传播至全岛。又根据 2009 年的《台湾年鉴》，台湾百姓约有 73％能说闽南语。

道光二十二年（1842 年），厦门成为五口通商口岸之一，逐渐成为闽南地区对外的门户。由于厦门古代隶属于泉州，但位于泉州、漳州间，使得此时期形成的厦门话是一种"半漳半泉"的闽南话，厦门话逐渐成为闽南话的代表方言，取代了早期泉州话与漳州话的地位。而台湾在日本殖民统治时期，也确实曾将厦门话视为台湾话的标准方言并以此编纂辞典。

台湾林再复先生说："介于漳、泉之间的厦门，自开埠以来，汽船往来频繁，商业繁盛方言杂采，厦门话大致具有闽南各方言的特点，成为通行最广的闽南话，因此厦门语乃自成一类，或称之为'不漳不泉''亦漳亦泉'。而到台湾以后之漳、泉人，因彼此往来，互受影响，故'不漳不泉''亦漳亦泉'之现象，在台湾已不仅限于厦门人，而为台湾之漳、泉人共有。且亦不限于漳、泉人，福州人与广东客家人，在家里固然用方言，但一与漳、泉人往来，则多操此种'不漳不泉''亦漳亦泉'语。总之，厦门话不仅是闽南的标准语，并且成为台湾地区方言的代表。"

他并根据日本殖民统治时期的统计材料分析，光绪二十九年

（1903 年）曾统计台湾之汉人为 3039750 人，四年后统计闽南人有 230 万（内含漳州话 120 万人，泉州话 110 万人），客家话 50 万人，其他汉语 4 万人，少数民族语 11 万人，日语 5 万人，总共 300 万人。可见当时用闽南话的，已占全人口的 76.66%，谓其为台湾方言之代表，实至名归。

林先生并认为厦门音成为台湾方言的代表，与辅佐郑经的陈永华关系颇大。陈永华是同安人，而同安正好在漳泉交界，历史上同安辖厦门，近代以来厦门辖同安。较之漳泉其他地方，同安话与厦门话最接近。郑经统治时期，正是台湾文教发端之际，陈永华主持文教，其同安腔因此广为流传，也为日后厦门话流传台湾奠下基础。随着漳泉移民的居住范围扩及台湾各地，其方言逐渐成为台湾本岛最主要的通行方言之一，闽南话现今依然通行于台湾。

随着定居日久，漳泉居民大量混居，使得漳泉两腔开始混合，台湾各地所通用的"不漳不泉"或"亦漳亦泉"的闽南话新腔，台湾语言学家洪惟仁等学者称之"漳泉滥"，即漳泉腔混合之意。由于各地漳泉裔移民多寡不同，混合程度亦不相同，因此有的地方略偏泉，有的地方略偏漳，大致上，鹿港口音为偏泉腔的极端，宜兰口音为偏漳腔的极端。虽然台湾闽南话分为几大腔调，但彼此间的差异并不像泉州话、漳州话间那么大，因此这几种腔彼此间的沟通并不困难。而各大腔中的小腔调之间，更只是词汇或是少部分发音差异，彼此沟通无大碍。一般而言，台湾话与厦门话在发音上最为接近。

第二节　闽南物质生活文化

一、茶文化

闽南人把饮茶叫作泡茶，茶文化也盛行于台湾，称之为工夫茶或老人茶。在台湾最负盛名的是安溪的乌龙茶，闽台的茶行过去无不标榜自家为正宗安溪茶行。

台湾最著名的两种茶，分别是南部的"冻顶乌龙茶"与北部的"文山包种茶"。冻顶乌龙茶的由来依照连横《台湾通史》所说，是台湾原生茶种，旧称水沙连之茶，因为产量不多所以在当时名声并不大。但是普遍认为冻顶乌龙茶是19世纪末由闽南人从武夷山脉带到台湾南投县鹿谷乡。"文山包种茶"是安溪县茶业者王义程所创制，此种茶叶制成后，用方纸二张、内外相衬，放茶四两，包成长方之四方包，盖以茶名及印章，故称之为"包种"，在19世纪末，大稻埕已经有好几家包种茶商。

早年，闽南、台湾的街巷随处可见茶室，俗称"茶桌仔"。"茶桌仔"往往又是"讲古"场，台湾向阳先生曾著文描写日本殖民统治时代红瓦白墙的台湾茶馆："古老的墙壁透露着幽雅的韵味，亭仔脚过去是梯阶，梯阶上去是厅堂，厅堂进去才是饮茶的茶坊，整个空间悠游不迫，正是饮茶的好滋味。"台北的发展是从艋舺开始的，其中，"茶桌仔"正是代表着移民的庶民精神文化，虽然此一文化已经没落，但是今天台北万华的"剥皮寮"，仍有茶馆经营，外面是红瓦拱形骑楼，不怕日晒雨淋，里边摆设着茶桌，令人仿佛回到过去的年代。

二、 食文化

古人说"民以食为天"，闽南及台湾也有"吃饭皇帝大"的俚语，又有"赶人生、赶人死、赶人食、无天理"的俗谚。由此可见，闽南人十分看重饮食，但是早期移民社会，生活不易，饮食"粗饱"即可，由此又产生一句谚语"俗搁大碗"，形容食物的性价比高。台湾经过经济成长的时期，慢慢进入"食巧毋食饱"的巧食文化。闽南人来台后，勤奋节俭之余，不忘家乡味且运用台湾当地食材，逐渐形成特有的小吃文化。蚵仔煎、虱目鱼肚粥、炒米粉、万峦猪脚、大肠蚵仔面线、甜不辣、台南担仔面、棺材板、烧仙草、筒仔米糕、花枝羹、卤肉饭等等，都是独具台湾风味的名食小吃。

发源于台南地区的小吃担仔面是巧食文化的代表之一，其"度小月担仔面"在台湾已有百年历史，这道小吃运用闽南常用的海鲜甜虾做汤头，再加上长时间熬煮的肉燥，十分美味，在台湾非常出名，可谓无人不知、无人不晓。在清朝时期，台南许多人家以捕鱼为业，在夏季七、八月份时台风季节，常常无法出海捕鱼，生计困顿之际，便改卖面食以维持生计，因称台风季节为小月故名。

闽南人大量迁徙到台湾，带去籼稻种，台湾成为籼稻农业区，这种稻米品种被称为"在来米"。台湾长期以来供应祖国大陆地区米粮以及经济作物，在清代尤盛，清廷在"正口对渡"时期要求船商到台湾贸易时，须带一定数额的大米回大陆。日本殖民统治时期，殖民当局农业试验所引进日本本土品种粳米，经过多次试验改良后培植出新品种"蓬莱米"，其产量比在来米高且口感好，颇受台湾人欢迎。

闽台移民因过去生活穷苦，常将地瓜掺在稀饭中煮，或是将地瓜切成片状或签状，晒成地瓜干或地瓜签掺在饭中，如果加些糖还可成为美味可口的地瓜签汤，老人们还依稀记得早年几乎以地瓜为主食的苦日子，在那个时代，地瓜吃太多还有腿足肿胀之苦。

闽菜可以说是台菜的主轴，是台湾最主要的饮食文化。闽菜以盛行汤菜和善于烹制海鲜而著称，梁实秋先生曾说"台湾之饮食本属闽南系列，善治海鲜，每多羹汤"。1949年后，另一波大陆移民带去了大陆各地的菜系，如今已与本地口味混合，像是台湾眷村就是两岸菜色融合的大本营，往往在眷村附近就有一些外省菜小餐馆，大陆的国民党兵到台湾后常常娶台湾当地女子为妻，逐渐融合成独特的"台湾菜"文化。这些家常菜后来有些变成了名菜，例如台湾有名的牛肉面，就是结合了北方的拉面和闽南的卤牛肉而成的。

三、 建筑文化

台湾传统建筑大多承袭原乡闽南风格，其中，常见的红砖红瓦源自漳州、泉州一带。以建筑形制而言，台湾传统闽南住宅以三合院为最普遍，从一条龙到多院落、多护龙的三落大厝、五落大厝，像是板桥林家花园就是传统的五落大厝。

闽南旧时的街市建筑多为商住两用。地基狭长，面宽小，彼此壁壁相连，比邻而居。而最具特色的便是临街的骑楼。这种建筑在今厦门、泉州、漳州和台湾的个别地方的旧街市还可以看到。骑楼在厦门叫"五脚去"，在台湾则叫"亭仔脚"。现在据方言学家考证，"五脚去"来源于印度尼西亚语。是否这种建筑样式就传自南洋呢？从厦门现存的百年以上的街道看，如桥亭、外校场都没有骑楼。郁永河的《稗海纪游》有一段描述康熙年间台南府街市的文字，也没有提到骑楼。但到光绪年间洪弃生先生在其《鹿港乘桴记》里却记载了鹿港主要商业街五福街，在街中"有亭翼然，互二三里，直如弦，平如砥，暑行不汗身，雨行不濡履"。这就是有名的"不见天"，整条街道用长亭罩住。据台湾的学者考证，"不见天"的兴筑年代当不晚于道光年间。

由于这种长亭遮阳挡雨功能突出，有助于街市的繁华，因此当道路拓宽时，就在街道两边商店各修一道长亭，这在今日台湾的台中、新港、北港还可以看到。再以后街道拓得更宽，两边房屋亦增至二三层，便利用长亭上部的空间加盖房屋，形成骑楼式的建筑，但由于习惯，还是把它称为"亭仔脚"。

"亭仔脚"代表着闽南人互利共生的生意理念，店家牺牲一些店面前的空间，让路人可以热天遮阳、阴天避雨，不管你是不是店家的消费者，都可以享受在市街里行走的舒适感，无形中，就增加了到店里购物的机会。闽南人与人为善、广结善缘的天性，就充分表现在这种建筑形式之中。

第三节　闽南民间信仰文化

台湾地区的生活方式深受闽客文化的影响。台湾是一个多元宗教文化融合的区域，但以闽南移民传入的民间信仰为主，融合道教、佛教信仰，拥有大量信徒，各地均有特色鲜明的祭祀习俗。

一、妈祖

妈祖信仰是台湾影响最大、信众最多的信仰，台湾人无论考试、健康、生意，万事都求妈祖保佑，台湾妈祖庙的数量也在清代时超过了大陆，每年的"妈祖绕境出巡进香"是台湾最大规模民间信俗活动。妈祖本名为林默娘，宋朝福建莆田湄洲人，传说中，13岁时有了神通可以斩妖除魔，28岁时，父亲出海捕鱼遇到船难，她就在海边等待父亲归来，因此死后升天得道，时常在漆黑的海上拯救遭遇海难的渔民，因此渐渐成为大陆沿海及台湾一带人民普遍的信仰，更成为航海的守护神。300多年前，先民唐山过台湾，要乘船经过俗称黑水沟的台湾海峡，因为时常发生船难，于是就有人在船上带着妈祖神像当作守护神，平安抵达台湾后也替妈祖盖庙。

不过妈祖信仰的普及，还是在施琅奉旨征台后，原因在于他的两位主将朱天贵、吴英都是莆田人，对妈祖特别崇信。施琅以莆田为海军基地，并大肆散布妈祖庇佑的消息，像是水井突然出甘泉等，从而瓦解郑氏军心，鼓舞自己的士气。施琅攻克台湾后即将台湾府城明宁靖王宅邸改为天妃宫，行文水师各署创天妃宫。之后更假托战功都来自妈祖庇佑，奏请康熙皇帝赐封妈祖为"天后"，之后清军在镇压朱一贵、林爽文起义又一再创造妈祖的神话，清廷便一再加封，从天后、妃子、夫人到圣母，并多次钦赐御匾。台湾一地，就有妈祖庙510座，其中有庙史可考者39

座，建于明代的 3 座，建于清代 36 座。著名的有北港朝天宫、白沙屯拱天宫、大甲镇澜宫、彰化南瑶宫、鹿港天后宫、台南大天后宫、澎湖天后宫、北投关渡宫、新港奉天宫、台南开基天后宫、鹿耳门天后宫。

300 多年来，发展出很多妈祖信仰的特殊文化。例如"黑面妈"，越黑越灵验，又如是庙里再刻第二尊妈祖神像，让这尊神像出巡，本尊在庙里坐镇，随着庙的规模越来越大，更区分大妈、二妈、三妈甚至六妈。

二、 关帝

明嘉靖年间，福建东山关帝庙的香火传入澎湖。郑氏时期推崇关云长的忠义德行，因此郑氏时台湾崇信关帝的庙宇仅次于真武帝，当时有 7 座庙宇。其中镇北坊关帝庙更有宁靖王手书"古今一人"匾额一方，此为明宁靖王朱术桂在台南王府中仿造东山关帝庙所建，俗称"大关帝庙"，因此成为全台湾关帝宫庙的始祖。台湾高雄文衡殿、台中圣寿宫、宜兰礁溪协天庙、澎湖红毛城关帝庙、嘉义关帝庙等都是从东山关帝庙分灵过去的。

今关帝信仰在台湾拥有上千万的信众，台北行天宫是北台湾参访香客最多的庙宇之一，历史最悠久的行天宫是北投分宫，次之是三峡的分宫。每年农历正月十五元宵节，台南市盐水区的盐水蜂炮，就是由关圣帝君出巡祈求平安演变而成的民间习俗。

三、 保生大帝

台南市学甲慈济宫是台湾香火最盛的保生大帝庙，其来源一般来说有两种，一是传说郑成功为收复台湾筹造战船，因急需木材临时向青礁东宫与南宫拆借两殿木料，并随船将保生大帝金身带上，祈请压阵协战，许愿"收复台湾后重建故宫"。台湾收复后，郑成功因无法回漳州重建，便在学甲郑军登陆处，修建一座仿青礁保生大帝庙的慈济宫，供奉随军压阵的保生大帝金身。另一传说为，明末清初，福建省泉州府同安县白礁乡的军民随郑成功来台，为求渡海平安，由李姓人家迎请家乡慈济西宫神明保生大帝同渡，后该庙移驾学甲为今学甲慈济宫。以该庙宇流传已久每年的"上白礁"仪式来看，学甲慈济宫奉白礁慈济宫为祖宫。

保生大帝信仰孕育了青草药文化，因为开台初期瘴厉多，老百姓得病后缺医少药，只有求助于保生大帝，所以流传至今，为台湾几大信仰之一，除了学甲慈济宫之外，大龙峒保安宫、台中元保宫、永和保福宫亦十分闻名。近年

保生大帝起驾赴台巡游

来，台湾的保生大帝信众每年都会组织进香团，在农历三月十五日保生大帝诞辰庆典时来厦门青礁慈济宫谒祖进香。保生大帝信仰已经成为凝聚台湾同胞、海外侨胞的文化象征，而青礁、白礁也成为他们认祖归宗之地。

四、王爷

郑成功是福建南安石井人，因其丰功伟业被闽南人奉为开台圣王。仅台湾在1959年的统计就有57座祠庙，但这只是郑成功祠庙的一小部分。这是因为有清一代，对闽台的郑成功信仰，始终采取限制手段，公开祭祀郑氏有一定风险。因此闽台百姓就以"王爷"之称，私下祭祀郑氏。

闽南王爷信仰与福州瘟神系统的王爷并不相同。台湾的王爷信仰始于郑氏时代。最早是康熙《福建通志》卷十一《祀典》记载："（二王庙）在府治东安坊，乃代天巡狩之神，威灵显赫，土

人祀之。"究竟代天巡狩之神为谁，文中闪烁其词，并无明确答案。而闽粤两省的通志也全无记载代天巡狩神王爷。

台湾民间设庙祀神最多的是福德正神，即土地公，而第二位就是这位不明来历的王爷（代天巡狩神）。这个问题引起了许多学者的兴趣，他们提出各种不同的看法。近年来，经过深入的研究，越来越多的人赞成台湾著名史学家连横的看法，认为代天巡狩神王爷信仰，系台湾民间在清廷高压统治下，仿花蕊夫人祀孟昶的办法，将郑成功改姓换名，诡称为王爷加以祠祀，而王爷便是指郑成功及其子郑经、其孙郑克塽等。

台南永康区的一座供奉"王爷"的二王庙有两副对联。一幅是该庙正门对联："郑神秉孤忠浩气磅礴留万古，府民留正义莫教胜败论英雄。"另一幅是神龛对联："二座奉明臣，神恩浩荡覃台岛；王衷怀汉族，庙貌堂皇镇永康。"从这两副对联的内容看，所祀二王，可以确定为郑成功父子，学者们还进一步指出，"二王"一词，在台湾史上指武、文二王，即郑成功父子二人。其源于郑经逝世后，郑克塽拜表请谥成功为武王，郑经为文王。

王爷庙会举行迎王祭典，尤其盛于南台湾。著名的王爷庙有南鲲鯓代天府、新竹池和宫、龙井福顺宫、佳里金唐殿、南雄代天府、麻豆代天府、马鸣山镇安宫、西港庆安宫、东港东隆宫等。

五、 玄天上帝

真武玄天上帝在元明之际就有很多崇祀者，其造型是手执宝剑、脚踏龟蛇。明太祖开国后，曾提到他于采石矶大战时获龟蛇之助，因而真武之祀被列为南京十庙之首。而明成祖靖难之役，又得崇奉真武的武当山道士之助，因此真武帝在明代倍受崇敬。闽南一带，远在宋朝，真武帝就被推崇为航海守护神。这在明万历《泉州府志》中便提道："上有真武殿，旧为郡守望祭海神之所。"郑氏时，继承明之传统，且子弟多为闽南籍，真武玄天上帝自然成为其最重要的信仰。郑氏复台之后，因此多建真武庙，郑氏一代至清初期，渐成为台湾民间最主要的信仰之一。最有名的庙有台南府城的灵佑宫，俗称小上帝庙。

虎尾永兴宫，位于云林县虎尾镇廉使里，明万历二十一年（1593 年）所建，为玄天上帝开台祖庙。下营北极殿，人称下营上帝庙，据庙方说法，南明永历十五年（1661 年），郑成功的部将刘国轩将军所创建，为台南市下营区的信仰中心，乡民称之为大庙，有宁靖王朱术桂于 1669 年所题"威灵赫奕"匾额。北灵宫，位于桃园市龟山区，为松柏岭受天宫分灵，为北台湾最大的玄天上帝庙。员林衡文宫，位于彰化县员林市，庙方建有中部最大的玄天上帝神像，也是唯一举行"送王船"的玄天上帝庙。松柏岭受天宫，位于南投县名间乡松柏岭，为台湾分灵最多、进香最多的玄天上帝信仰中心。此外，著名庙宇还有台南北极殿、中和境鹫岭北极殿、梧栖真武宫、竹崎真武庙等。

第四节　闽南民俗文化

春节、端午节、中秋节，是台湾民间的三大节庆。每逢元宵节、清明节、中元节、七夕等传统的节日，台湾民间亦有各式庆祝活动。

同样，少数民族也有丰年祭、矮灵祭等有民族特色的节庆祭典。此外，尚有多项深具台湾特色的民俗庆典，如迎妈祖、盐水蜂炮、东港烧王船、头城抢孤等。全台各地也有各具特色鲜明的祭典。比方说农历正月初六三峡祖师庙清水祖师诞辰祭典、三月二十三的妈祖诞辰全台庆典、四月二十六的先啬宫神农大帝生日"三重大拜拜"、五月初一的新庄大众庙大众爷生日"新庄大拜拜"，五月初六的淡水祖师庙清水祖师得道祭典"淡水大拜拜"、八月二十九的东港东隆宫迎王祭典，七月十五的中元节、十月二十二的艋舺青山宫青山王诞辰"艋舺大拜拜"等。

一、 送王船

传说清廷知道郑氏在台湾的影响十分大，因此下令将郑成功父子坟墓迁回原籍福建南安。台湾百姓无力阻挠清廷迁坟之举，唯一能做的只有备办隆重的牲礼祭祀郑氏，并送郑氏灵柩船入海。此后，为缅怀郑成功父子，乃造王船，设王爷像祭祀后送之入海，久之形成送王船的习俗，但老百姓又惧清廷，只好佯称送瘟。

送王船习俗在台湾志书上的首次记载，是在迁郑氏坟18年后的康熙五十六年（1717年）所修的《诸罗县志》。在此之前有关台湾的史籍都没提到过。而闽南志书最早记载送王船习俗的，则为乾隆二十八年（1763年）所修的《泉州府志》。

厦门海沧送王船

台湾送王船祭典中，最著名的是拥有数百年历史的东港东隆宫平安祭典。东港东隆宫温王爷在清康熙年间即有记载，据说康熙年间从闽南地区迁来的移民，将温王爷神像带到今东港镇，该庙宇传统的迎王平安祭典王船祭，为每三年一次。在信徒恭送下，王船离开东隆宫，装上船帆船桅后，信徒点燃鞭炮欢送并将王船火化。这一系列的仪式，与厦门地区的送王船祭典活动基本上相同。

二、 抢孤

台湾有些地方在中元节的盂兰盆会后，会将祭祀的供品提供民众抢夺，称为"抢孤"。一种说法是为了与孤魂野鬼抢夺祭品，另一种说法是为了吓退流连忘返的鬼魂。台湾最负盛名的抢孤是宜兰头城镇的抢孤活动。抢孤是先搭设数十米高的"孤棚"，上层再搭"孤栈"，并在上头摆放供品以及旗帜，而棚柱上涂满牛油，想要凭己力爬上孤棚并不容易，往年常有意外发生，因此在清朝时期刘铭传曾经下令禁止抢孤活动。在1991年，宜兰头城恢复举办抢孤，并且改善了活动抢夺的方式。以往为了赈济贫苦流民的争抢祭品活动，变成了目前具有竞赛性的民俗活动，能够首先取得栈顶的"顺风旗"就算夺标。而民间相信抢得顺风旗的人，可以获得庇护。

第五节 闽南民间艺术文化

一、 歌仔戏

歌仔戏为流行于福建闽南及台湾地区的地方戏曲，是唯一诞生于台湾的剧种，其诞生迄今不过百余年历史，2006年5月20日，该剧种经国务院批准列入第一批国家级非物质文化遗产名录。

《台湾省通志·学艺志·艺术篇》记载："民国初年，有员山结头份人歌仔助者，不详其姓，以善歌得名。暇时常以山歌，佐以大壳弦，自拉自唱，以自遣兴。所唱歌词，每节四句，每句七字，句脚押韵，而不相连，虽与普通山歌无异，但是引吭高歌，别有韵味，是即为七字调也。后，歌仔助将山歌改编为有剧情之歌词，传授门下，试为演出，博得佳评，遂有人出而组织剧团，名之曰：歌仔戏。"《宜兰县志·人民志·礼俗篇》记载："歌仔戏原系宜兰地方一种民谣曲调，距今六十年前，有员山结头份人名阿助者，传者忘其姓氏，阿助幼好乐曲，每日农作之余，辄提大壳弦，自弹自唱，深得邻人赞赏。好事者劝其把民谣演变为戏剧，初仅一二人穿便服分扮男女，演唱时以大壳弦、月琴、箫、笛等伴奏，并有对白，当时号称歌仔戏。"

另一说法，歌仔戏起源于福建漳州地区的"歌仔"，又称"锦歌"，融合车鼓小戏的身段以及地方歌谣小调所发展而成。"歌仔"自明代以来即流传在闽南的漳州地区，与歌仔戏都为每首四句的民间小调，是描述日常生活的歌谣，后来逐渐发展成演唱地方故事的小调，而车鼓小戏亦盛行于福建地区。明末清初大批闽南人随郑成功移居台湾，同时把歌仔带到台湾，歌仔音乐和车鼓小戏便随之传入台湾。

歌仔到了台湾，接触到本地少数民族的歌谣和客家的山歌，同时歌词又融入台湾本地生活元素，于是创造出了台湾"本地歌仔"。在二十世纪初，台湾宜兰的民间艺人将歌仔音乐和大陆传播台湾的车鼓小戏、高甲戏、南管戏相融合，最后成功地创造出了新的闽南话戏曲——歌仔戏，在台湾大受民众欢迎。1928 年，台湾"三乐轩""双珠凤"两个戏班，以回乡祭祖为名在闽南等地演出，歌仔戏又传回福建闽南地区，并受到了欢迎。

抗日战争时期，以邵江海为首的闽南歌仔戏艺人创造出新声腔"杂碎调"，并用"杂碎调"演绎出一批改良戏剧目，由于它流行于福建芗江流域，所以之后在闽南一带又称为"芗剧"。

1948 年底，漳州南靖县都马抗建剧团入台演出，带去了邵江海的改良剧目和"杂碎调"声腔，其后风靡台湾。

1962 年，台湾推出第一部电视歌仔戏《雷峰塔》，该节目由

台湾宜兰台湾戏剧馆

廖琼枝及何凤珠主演，当时台湾电视机并未普及且为黑白画面，因此电视歌仔戏观众不多，广播歌仔戏才是当时最流行的表演形态。将电视歌仔戏发扬光大的是歌仔戏巨星杨丽花，后来又有叶青、黄香莲等人，这些明星推动了电视歌仔戏的流行。到今天为止，歌仔戏仍是台湾民间最主要的戏曲。

二、 布袋戏

布袋戏又称掌中戏，在闽南与台湾，布袋戏与传统地方戏曲一样，大多在传统节庆或民间喜事时演出，因感谢神明的庇佑而献戏谢神，以野台戏的形式演出。传统布袋戏分南管布袋戏及北管布袋戏。

18 世纪中叶，大量闽南人移居台湾，同时将布袋戏文化带

台湾宜兰叶青文化主题馆

入，与大陆相同，台湾布袋戏大多剧本也是以演义小说为参考，内容多诗词，口白文雅，伴奏是南管或北管，其最早的戏团是南管布袋戏团。布袋戏偶除了衣服之外都为木制，早期传统布袋戏的偶头木材多产自泉州，二十世纪二十年代以后，台湾虽研发了以模型灌制的赛璐珞偶头，但主要仍以泉州的"唐山头"为主，泉州产的偶头木材多采用银杏木和香梓木。二十世纪五十年代后，台湾的偶头以梧桐木为主，少数使用公母柴或是台湾本土樟木。

　　清末，布袋戏开始以武侠小说为背景，重视表现各种剑招与武功，一般来说称为"剑侠戏"。二十世纪五十年代，当局限制野台戏的演出，许多剧团开始往戏院发展，为了增加票房，在灯光、背景、音效、特效上加强，为了让后排观众看得更清楚，也加大了戏偶的尺寸，乐师也沿袭日本殖民统治时期开始采用的西乐配乐，这样的布袋戏演出通常刀光剑影，效果十足，所以又被称为"金光戏"。台湾布袋戏师傅黄海岱开创了以章回小说为故事基础的"剑侠戏",其剧情明快节奏分明,造成全台轰动,有取代南北管布袋戏之势。

台湾宜兰台湾戏剧馆的布袋戏偶展示

黄海岱的次子黄俊雄,出生于台湾云林县虎尾镇,14岁起跟随父亲学习布袋戏。1970年,黄俊雄首先将布袋戏搬到电视上表演,演出的作品是《云州大儒侠史艳文》。跟以往的布袋戏偶不同,他的戏偶尺寸较大,眼珠子还可以转动,活灵活现的戏偶配上流行音乐,不用传统的锣鼓,剧情紧凑,声光效果惊人,可以说是对传统布袋戏的一大突破。不过,黄俊雄的真五洲剧团实源于其父亲所创的"五洲园",《云州大儒侠史艳文》也是改编其父的《忠孝节义传》(改编自清代章回小说《野叟曝言》)。

二十世纪八十年代,黄俊雄一个人在戏台后模仿数十种不同的声音,电视播出后竟然创下97%收视率的纪录,1974年,遭到台湾当局以"妨碍农工作息"为由禁播,到1981年才逐渐解禁。黄俊雄布袋戏影响了台湾现代社会不少地方,比如模仿布袋戏角色的"孝女白琼",出现在台湾民间丧礼中;若有人在背后操纵某事件，会说此人是"藏镜人"，这个词正是出自布袋戏的角色。1995 年，黄俊雄之子继承衣钵，成立"霹雳卫星电视台"，这是首家以布袋戏为主的电视台。

结　语

　　随着海上贸易的兴盛，明天启元年（1621年），厦门海沧青礁人颜思齐，辗转到台湾发展，在他来到台湾之前，已经为台湾做了两件重要的事：第一是已经在今台湾嘉义、云林北港溪流域建立了商业基地，使有组织的汉人势力比荷兰人更早在台湾立足；第二是在平户收留了郑芝龙，日后郑氏家族以颜思齐在台湾的基业起家，成为台湾海峡上对抗荷兰人最大的势力[①]。

　　明天启年间，闽商李旦与开台第一人颜思齐，相继去世，当时郑芝龙接收了他们庞大的海上产业资本，打败官军进入了中左所（厦门）。后郑成功金陵战败，退守厦门、金门，使得在台湾的荷兰人深惧来犯，南明永历十五年（1661年），郑成功赶走了荷兰侵略者，收复台湾。这接近四十年的时间，是厦门与台湾深度往来的时期。

　　在此之后，厦门与台湾在历史上几乎是休戚与共的关系。康熙六十年（1721年），朱一贵在冈山起义，"总督满保闻报，驰赴厦门"；闽南人从厦门所辖之曾厝垵、白石头、大担私渡台湾；清代台湾遣军流徙的犯人，都

[①]汤锦台：《大航海时代的台湾》，如果出版社，2011年版。

是由鹿耳门港口配搭商船，对渡厦门；雍正二年（1724年）有诏，每个月将台湾的米运至厦门后，按户发给会轮调台湾的兵丁家属；光绪元年（1875年），于厦门设立招垦局，用来办理闽粤人到台湾开垦事宜。以上诸事，无不证明厦、台两地的确是唇齿相依。

日本殖民统治时代，台湾人多仕米厦门与台湾，祖国大陆对台湾人来说并不陌生。板桥林家林尔康（林维源侄子）之妻陈芷芳，是帝师陈宝琛的妹妹，曾经大力出资捐款，协助福建筹办师范学堂。后厦门女子师范学堂（后改为慈勤女子中学）的校长也为林尔嘉之四子林崇智担任。另外，担任过板桥林家林熊征秘书的《台湾通史》作者连横，在日俄战争后，愤恨清政府腐败不堪，也携家带眷到厦门，创办《福建日日新报》，宣扬革命。

乙未之役，日军逼近台南，台湾人争相走避厦门。台湾抚垦大臣林维源迁居厦门，直至过世。雾峰林家的林朝栋提早将家眷送到厦门避难，自己再只身返回台湾对抗日军。然而林朝栋返台后，日军已登陆澳底并一路挺进，台湾巡抚唐景崧逃回大陆；辜显荣打开台北城门，迎接日军进入台北城，直入桃仔园（今桃园市）。林朝栋感到大势已去，支付银饷后独自西渡抵达厦门。台湾人返回祖国大陆的第一站，大多是厦门。

悠游在厦门鼓浪屿，有两幢漂亮的白色洋房，其门楣上的"宫保第"与"将军府"字样格外醒目，也提醒着我们，府邸的主人曾是台湾第一大家族"雾峰林家"与民国时期的将军林祖密。回望这段历史，这其中并不难看出，本书之所以着眼于厦门和台湾关系的原因。厦门在这四百多年来，一直与台湾福祸相依，两岸人民有着很深的历史文化渊源。虽海峡相隔，却注定共同承担灾难和困苦，始终是血脉相连的一家人。

后　记

　　身为台湾同胞，长期在厦门海沧工作的同时，又能够协助陈耕老师撰写这一本书，当然是一件非常兴奋的事。原因在于我本身是新闻科系出身，有幸能得到陈耕老师在文史方面的指导，机会实属难得。此外，台湾人向来对厦门并不陌生，1989 年 5 月，厦门海沧台商投资区经国务院批准设立，2001 年 1 月，福建沿海与金门、马祖地区开放直接往来，厦门一直是两岸交流合作的前沿平台，是与台湾最亲近的地方。所以跨过海峡来到厦门，再回头探讨与故乡台湾的历史渊源，感受自然不同。

　　颜思齐、郑芝龙开拓台湾，招募了一批闽南乡亲前去，郑成功带领闽南乡亲，大规模地开发台湾，闽南人为开发台湾做出了最大的贡献。

　　或许我这里说的，都是许多前辈和老师早已讲过的。但是这些历史，在当下的台湾却被许多人有意和无意地遗忘了，甚至歪曲了。历史不能忘记，所以我愿意用自己的经历、自己的学习，来重新讲述这一段历史，让更多和我一样的年轻朋友们，不会忘记我们台湾真正的历史事实，不会忘记福建和台湾、闽南和台湾、厦门和台湾的历史渊源，不会忘记我们的颜思齐、郑成功、板桥林家、雾峰林家，更不会忘记英勇抗日的简大狮、林少猫、柯铁虎等义士。

符坤龙

2020 年 8 月 1 日

图书在版编目（CIP）数据

飞越海峡的歌 / 符坤龙著；厦门市思明区文化馆，厦门市闽南文化研究会编. —厦门：鹭江出版社，2021.3
（思明记忆之厦门海洋历史文化丛书）
ISBN 978-7-5459-1811-3

Ⅰ.①飞⋯ Ⅱ.①符⋯ ②厦⋯ ③厦⋯ Ⅲ.①文化史—研究—台湾 ②文化史—研究—福建 Ⅳ.①K295.7 ②K295.8

中国版本图书馆 CIP 数据核字(2020)第 268747 号

思明记忆之厦门海洋历史文化丛书
厦门市思明区文化馆
厦门市闽南文化研究会　编

FEIYUE HAIXIA DE GE
飞越海峡的歌
符坤龙　著

出版发行：鹭江出版社
地　　址：厦门市湖明路 22 号　　　　邮政编码：361004
印　　刷：厦门集大印刷厂
地　　址：厦门市集美区环珠路　　　　电话号码：0592－6183035
　　　　　256－260 号 3 号厂房一至二楼
开　　本：890mm×1240mm　1/32
插　　页：2
印　　张：4.75
字　　数：119 千字
版　　次：2021 年 3 月第 1 版　　2021 年 3 月第 1 次印刷
书　　号：ISBN 978-7-5459-1811-3
定　　价：46.00 元

如发现印装质量问题，请寄承印厂调换。